Anonymous

Chronik des deutsch-französischen Krieges 1870

Anonymous

Chronik des deutsch-französischen Krieges 1870

ISBN/EAN: 9783743613638

Hergestellt in Europa, USA, Kanada, Australien, Japan

Cover: Foto ©ninafisch / pixelio.de

Manufactured and distributed by brebook publishing software
(www.brebook.com)

Anonymous

Chronik des deutsch-französischen Krieges 1870

Chronik

des

deutsch-französischen Krieges 1870.

Mit den

Reden, Telegrammen, Handschreiben, Erlassen,
Armee-Befehlen, Proklamationen und Verordnungen

Sr. Majestät des Königs von Preußen.

Aus dem Königlich Preußischen Staats-Anzeiger.

Zweite Auflage.

Berlin, 1870.

Verlag der Königlichen Geheimen Ober-Hofbuchdruckerei
(R. v. Decker).

4. Juli. Der französische Geschäftsträger zu Berlin erscheint im auswärtigen Amte, um der peinlichen Empfindung Ausdruck zu geben, welche die Annahme der Thronkandidatur Seitens des Erbprinzen Leopold von Hohenzollern in Paris hervorgebracht habe. Der Staatssekretär antwortet demselben, daß diese Angelegenheit für die preußische Regierung nicht existire und die letztere nicht in der Lage sei, über die Verhandlungen Auskunft zu ertheilen.

— Unterredung über denselben Gegenstand zwischen dem Botschafter des Bundes, Freiherrn von Werther, und dem Herzog von Gramont, unter Theilnahme des Ministers Ollivier, in Paris. Der Botschafter wird ersucht, bei seiner Anwesenheit in Ems die Eindrücke, welche in Paris herrschen, Sr. Majestät dem Könige vorzutragen.

5. Juli. Abreise des Freiherrn von Werther nach Ems.

— Der Deputirte Cochery bringt im gesetzgebenden Körper zu Paris eine Interpellation über die spanische Frage ein.

6. Juli. Der Herzog von Gramont beantwortet diese Interpellation in Preußen verletzender Weise.

9. Juli. Der französische Botschafter beim Bunde, Graf Benedetti, von Wildbad in Ems eintreffend, wird von dem Könige empfangen, welchen er bittet, dem Erbprinzen die Annahme der spanischen Krone zu verbieten. Der König lehnt dies ab.

11. Juli. Graf Benedetti dringt wiederholt in den König, den Erbprinzen zum Verzicht auf die Thronkandidatur zu veranlassen. Der König weist diese Zumuthung zurück.

12. Juli. Der Erbprinz von Hohenzollern entsagt aus eigenem Antrieb der Kandidatur. — Der Herzog von Gramont verlangt in einer Unterredung mit dem an demselben Tage in Paris wieder eingetroffenen Botschafter des Bundes, der König solle sich bei dem Kaiser schriftlich entschuldigen und der Entsagung des Erbprinzen anschließen.

13. Juli. Graf Benedetti stellt dem Könige in Ems auf der Promenade das Ansinnen, die Verzichtleistung des Erbprinzen zu approbiren und die Versicherung zu ertheilen, daß auch in Zukunft diese Kandidatur nicht wieder aufgenommen werden würde. Der König lehnt dies entschieden ab und verweigert dem Grafen Benedetti weitere Audienzen.

15. Juli. Der Minister Ollivier verliest im gesetzgebenden Körper über die diplomatischen Vorgänge ein unrichtige Thatsachen enthaltendes Exposé und theilt mit, daß Frankreich sich zum Kriege entschlossen habe.

1*

4

15. Juli. Rückreise des Königs nach Berlin. Begeisterter Empfang auf der ganzen Reise und in Berlin. Aus allen Theilen Deutschlands werden dem Könige an diesem und in den nächsten Tagen Zustimmungsadressen überreicht.

— Verordnung, betreffend die Einberufung des Reichstags des Norddeutschen Bundes zum 19. Juli. [1]

16. Juli. Der Bundesrath des Norddeutschen Bundes billigt einstimmig alle bisherigen Schritte des Bundespräsidiums und erklärt, den von Frankreich angebotenen Krieg anzunehmen.

— Verordnung, betreffend das Verbot der Ausfuhr und Durchfuhr von Waffen und Kriegsbedarf, und Bekanntmachungen von Behörden, welche sich auf die Mobilmachung der norddeutschen Bundesarmee beziehen.

— Die bayerische Armee und die badische Division werden mobil gemacht.

17. Juli. Großbritannien bietet seine Vermittelung zur Beilegung des Konflikts an.

— Mobilisirung der württembergischen Armee.

18. Juli. Der Bundeskanzler lehnt im Auftrage des Königs die Vermittelung Großbritanniens ab.

— Audienz des Magistrats und der Stadtverordneten Berlins beim Könige zur Uebergabe einer Adresse, verlesen vom Ober-Bürgermeister Seydel; der König dankt tief bewegt. [2]

19. Juli. Feierliche Eröffnung des Reichstags des Norddeutschen Bundes durch den König im weißen Saale des Königlichen Schlosses zu Berlin. [3]

— Französische Chasseurs d'Afrique überschreiten Morgens die Grenze bei Saarbrücken und werden von preußischen Ulanen zurückgeworfen.

— Die Kriegserklärung Frankreichs an Preußen wird dem Minister der auswärtigen Angelegenheiten, Grafen Bismarck, um 1½ Uhr Mittags übergeben.

— Allerhöchster Erlaß an das Staats-Ministerium, betreffend das Wiederaufleben des Ordens des Eisernen Kreuzes für diesen Krieg. [4]

20. Juli. Allerhöchste Kabinets-Ordres, betreffend die Regelung der freiwilligen Krankenpflege bei dem Norddeutschen Bundesheere.

— Ernennung des Fürsten Heinrich XI. von Pleß zum Kommissar und Militär-Inspecteur der freiwilligen Krankenpflege bei dem Norddeutschen Bundesheere.

— Die bayerische Regierung macht dem Bundeskanzler die Mittheilung, daß in Folge der Kriegserklärung Frankreichs an Preußen und des stattgehabten Angriffs der Franzosen auf deutsches Gebiet die bayerische Regierung auf Grund des

---

[1] Anlage 1.
[2] Anlage 2.
[3] Anlage 3.
[4] Anlage 4.

Allianzvertrags als Verbündeter Preußens in den Krieg gegen
Frankreich gleich sämmtlichen deutschen Regierungen einge=
treten sei.

20. Juli. Der König benachrichtigt den König von Bayern,
daß er sofort das Kommando über dessen Armee übernommen
und dieselbe der unter den Kronprinzen von Preußen gestellten
III. Armee überwiesen habe. Gleichzeitig dankt der König dem
Könige von Bayern für die treue Festhaltung der bestehenden
Verträge, auf denen das Heil Deutschlands beruhe. [5]

— Telegraphische Antworten der Könige von Bayern
und Württemberg sowie des Großherzogs von Baden auf die
Mittheilung, daß der Kronprinz von Preußen zum Befehls=
haber der deutschen Südarmee ernannt sei.

— Der Reichstag des Norddeutschen Bundes beschließt
eine Adresse an den König, die Allerhöchstdemselben Mittags
überreicht wird. Graf Bismarck legt dem Reichstage die auf
den Konflikt bezüglichen Aktenstücke vor. In der Nach=
mittagssitzung genehmigt der Reichstag einstimmig (in erster
und zweiter, am 21. in dritter Berathung) den für die Mobil=
machung und Kriegführung geforderten Kredit von 120,000,000
Thaler.

— Die »Gazette« veröffentlicht die Neutralitätserklärung
Englands.

21. Juli. Allerhöchster Erlaß, betreffend die Abhaltung eines
außerordentlichen allgemeinen Bettages am 27. Juli d. J. [6]

— Allerhöchste Präsidial = Verordnung, betreffend die Er=
klärung des Kriegszustands in den Bezirken des 8., 11., 10.,
9., 2. und 1. Armee-Corps.

— Gesetze für den Norddeutschen Bund, betreffend den
außerordentlichen Geldbedarf der Militär= und Marine=Ver=
waltung; betr. die zu Gunsten der Militärpersonen eintre=
tende Einstellung des Civilprozeßverfahrens; betr. die Wirksam=
keit der §§. 17 und 20 des Gesetzes über die Erwerbung und
den Verlust der Bundes= und Staatsangehörigkeit vom 1.
Juni 1870; betr. eine zusätzliche Bestimmung zum ersten Satz
des Art. 24 der Verfassung des Norddeutschen Bundes (Ver=
längerung der Legislaturperiode des Reichstags für die Dauer
des Kriegs mit Frankreich, spätestens bis 31. Dezember 1870);
betr. die Begründung öffentlicher Darlehnskassen ꝛc.

— Der Reichstag des Norddeutschen Bundes genehmigt
u. A. den Gesetzentwurf wegen Errichtung von Darlehnskassen,
ferner den Gesetzentwurf, betreffend die Verlängerung der Legis=
laturperiode des Reichstags, und wird demnächst auf Befehl
des Königs durch den Bundeskanzler geschlossen.

— Der General der Infanterie Vogel von Falckenstein,
zum General = Gouverneur der Bezirke des 1., 2., 9. und
10. Armee-Corps ernannt, übernimmt seine Dienstfunktionen
(Hauptquartier: Hannover).

---

[5] Anlage 5.
[6] Anlage 6.

21. Juli. Die Ständeversammlung in Württemberg bewilligt die Kreditforderung der Regierung von 5,900,000 Gulden.

— Vorpostengefechte bei Saarbrücken.

— Cirkulardepesche des Herzogs von Gramont an die Vertreter Frankreichs im Auslande, worin Gramont gegen die preußische Regierung wegen angeblicher Intriguen zu Gunsten des Prinzen von Hohenzollern die härtesten Vorwürfe richtet.

22. Juli. Allerhöchster Erlaß, die Einsetzung von General-Gouverneuren und deren Instruktion betreffend. Nach diesem Erlaß werden für das gesammte Bundesgebiet 5 General-Gouverneure eingesetzt, und zwar 1. für den Bezirk des 1., 2., 9., 10. Armee-Corps (Hannover); 2. des 7., 8., 11. A. C. (Coblenz); 3. des 3., 4. A. C. (Berlin); 4. des 5., 6. A. C. (Breslau); 5. des 12. A. C. (Dresden).

— Baden erklärt sich als im Kriegszustand mit Frankreich befindlich; der französische Gesandte reist von Karlsruhe ab.

— Der Papst bietet dem König von Preußen seine Vermittelung zur Herstellung des Friedens an.[7]

— Sprengung der Kehler Rheinbrücke durch die Deutschen.

23. Juli. Proklamation des Kaisers Napoleon an das französische Volk, betreffend den Krieg mit Preußen.

— Der Kaiser überträgt der Kaiserin die Regentschaft.

— Schluß des gesetzgebenden Körpers und Senats in Frankreich.

24. Juli. Allerhöchster Erlaß, betreffend die in Gemäßheit des Gesetzes vom 21. Juli 1870 zur Deckung des außerordentlichen Geldbedarfs der Militär- und Marineverwaltung aufzunehmende Anleihe.

— Vorpostengefecht bei Saarbrücken. Der Feind versucht, in der ungefähren Stärke eines Bataillons, sich in den Besitz der Brücke bei Wehrden zu setzen, wird jedoch durch ein aus Saarlouis entsandtes Infanterie-Bataillon und eine Abtheilung Ulanen daran gehindert und zieht sich wieder zurück.

— Scharmützel beim Dorfe Gersweiler (südlich von der Saar und westlich in unmittelbarer Nähe von Saarbrücken). Die Franzosen verlieren 10 Mann und ziehen sich zurück.

— Eine Compagnie des 8. Rheinischen Infanterie-Regiments Nr. 70 nimmt das Zollhaus in Schrecklingen mit Zollkasse.

— Einige 30 Ulanen des Rheinischen Ulanen-Regiments Nr. 7 sprengen einen Viadukt in die Luft und unterbrechen dadurch die Verbindungsbahn zwischen Saargemünd und Hagenau.

25. Juli. Allerhöchster Dank-Erlaß für die dem Könige aus allen Kreisen des deutschen Volks, selbst von jenseits des Meeres zugegangenen Kundgebungen der Hingebung und Opferfreudigkeit für das gemeinsame Vaterland.[8]

---

[7] Anlage 9.
[8] Anlage 7.

25. Juli. Allerhöchste Ordre, die Errichtung einer freiwilligen Seewehr betreffend.

— Cirkularerlaß des Evangelischen Ober-Kirchen-Raths, betreffend die Abhaltung einer Kollekte in den evangelischen
Kirchen am bevorstehenden Bettage, den 27. d. M., für die
zurückgebliebenen bedürftigen Familien der ausmarschirten
Truppen.

— Die französische Regierung veröffentlicht im »Journal
officiel« ihren Entschluß, die Regeln der Seerechts-Deklaration
von 1856 zu beobachten.

26. Juli. Der König von Württemberg übergiebt die württembergischen Truppen der Führung des Königs von Preußen.

— Der König von Preußen benachrichtigt den König von
Württemberg in einem Erwiderungstelegramm, daß er die
württembergischen Truppen dem Kommando des Kronprinzen
von Preußen zugetheilt habe.[9]

— Der Kronprinz von Preußen begiebt sich zur Uebernahme
des Befehls über die deutsche Südarmee nach München.

— Prinz Friedrich Carl von Preußen begiebt sich von
Berlin zur II. Armee nach Mainz.

— Kleines Gefecht an der Brücke von Rheinheim (an der
Blies, nordöstlich Saargemünd). Französische Infanterie wird
von preußischen Ulanen und Pionieren nebst bayrischen Jägern
zurückgeworfen.

— Rekognoszirung der Gegend um Hagenau durch den
württembergischen Generalstabsoffizier Grafen Zeppelin und
3 badische Offiziere.

— Verkündigung des Kriegszustandes im Großherzogthum
Hessen südlich vom Main.

— Neutralitätserklärung des Regenten von Spanien.

27. Juli. Allgemeiner Bettag in Preußen.

— Ankunft des Kronprinzen von Preußen in München.

— 3 Compagnien französischer Infanterie und 80 Mann
Kavallerie greifen bei Völklingen (westlich von Saarbrücken)
einen Zug des 7. Rhein. Infanterie-Regiments Nr. 69
an, werden jedoch mit Verlust von 1 Offizier und 8 Mann
abgewiesen.

— Buß- und Bettag im Fürstenthum Schwarzburg-Sondershausen.

— Der »Staats-Anzeiger« veröffentlicht den dem Bundeskanzler Seitens des Grafen Benedetti überreichten Vertragsentwurf, betreffend die Einverleibung der süddeutschen Staaten
in den Norddeutschen Bund und die Eroberung Belgiens durch
Frankreich.

— Neutralitäts-Erklärung der portugiesischen Regierung.

28. Juli. Ankunft des Kronprinzen von Preußen in
Stuttgart, Abends in Karlsruhe.

---

[9] Anlage 8.

28. Juli. Der Kaiser der Franzosen begiebt sich zur Armee nach Metz.

— Preußische Rekognoszirungen bei Saarbrücken.

— Dem englischen Parlament werden die Aktenstücke über die der Kriegserklärung vorhergehenden diplomatischen Unterhandlungen vorgelegt.

— Der Minister Graf Andrassy beantwortet im ungarischen Unterhause die Interpellationen in Betreff der Neutralität Oesterreich-Ungarns.

— Der »Staats-Anzeiger« veröffentlicht eine Depesche des Bundeskanzlers an den preußischen Botschafter Grafen Bernstorff in London.

29. Juli. Königliche Kabinetsordre, betreffend die Uebertragung der Geschäfte des Königlichen Ober-Kommandos der Marine an das Marine-Ministerium.

— Cirkulardepesche des Bundeskanzlers Grafen v. Bismarck an die Vertreter des Norddeutschen Bundes, die Allianzanträge Frankreichs betreffend.

— Der Kaiser der Franzosen übernimmt den Oberbefehl über die französische Armee.

— Plänkeleien zwischen bayerischen Jägern und französischen Reitern bei Schweyen nächst Neuhornbach (in der Pfalz, dicht an der französischen Grenze, südlich von Zweibrücken).

— Eine französische Panzerflotte passirt Helsingör und geht theilweis bei Kopenhagen vor Anker.

30. Juli. Antwortschreiben des Königs an den Papst auf dessen Anschreiben vom 22. Juli. [10])

— Der Kronprinz von Preußen verläßt Karlsruhe und begiebt sich nach Speyer, wo das Hauptquartier der III. Armee einstweilen seinen Sitz hat.

— Prinz Friedrich Carl von Preußen verlegt sein Hauptquartier von Mainz westwärts.

— Eine französische Infanteriekolonne, welcher Artillerie beigegeben ist, greift Saarbrücken an, wird aber zurückgeschlagen.

31. Juli. Proklamation des Königs von Preußen »An Mein Volk«. Ankündigung einer Amnestie für politische Verbrechen und Vergehen. [11])

— Der König und Prinz Carl von Preußen gehen Nachmittags zur Armee ab, in Begleitung des Königs auch der Bundeskanzler Graf von Bismarck-Schönhausen und die Generale v. Roon und Frhr. v. Moltke.

— Armeebefehl des Kronprinzen von Preußen.

— Allgemeiner Bettag in Sachsen-Weimar, Sachsen-Altenburg und Württemberg.

---

[10]) Anlage 10.
[11]) Anlage 11.

1. August. Rekognoszirung bayerischer Chevaurlegers und preußischer Husaren gegen Sturzelbrünn, ein französisches Dorf östlich von Bitsch.

— Bekanntmachung des Kriegs-Ministeriums, die Bezeichnung der General-Gouvernements betreffend.

— Der stellvertretende kommandirende General des 9. Armee-Corps, von Etzel, setzt in den Kreisen Apenrade, Hadersleben, Tondern, Flensburg und Sonderburg die Art. 5, 6, 27, 29 u. 30 der Preußischen Verfassungsurkunde vom 31. Januar 1851 außer Kraft.

2. August. Ankunft des Königs von Preußen in der Nacht in Coblenz, am Morgen in Mainz (Hauptquartier).

— Proklamation des Königs an die Armee.[12] Der König übernimmt das Kommando über die gesammten Armeen.

— Prinz Albrecht von Preußen trifft im Hauptquartier der III. Armee in Speyer ein.

— 3 französische Divisionen mit 23 Geschützen greifen Saarbrücken an; die preußischen Vorposten (3 Compagnien vom Hohenzollernschen Füsilier-Regiment Nr. 40) ziehen sich, dem im Voraus erhaltenen Befehle zufolge, aus der Stadt zurück und nehmen nördlich, nahe derselben, eine neue Stellung ein.

— Eine starke Kolonne französischer Truppen überschreitet bei Reinheim östlich von Saargemünd die Grenze, zieht sich aber nach heftigem Feuern auf kleine Patrouillen wieder zurück.

— Buß- und Bettag im Fürstenthum Anhalt und in der freien Reichsstadt Lübeck.

— Eine französische Flotte, in die Ostsee einlaufend, passirt Frederikshaven.

3. August. Allerhöchster Amnestie-Erlaß.[13]

— Außerordentlicher Gottesdienst, aus Veranlassung des Krieges, im Königreich Sachsen.

— Das Hauptquartier der III. Armee verläßt Speyer.

— Die am 1. August für einige schleswigsche Bezirke verfügte Suspension einzelner Artikel der preußischen Verfassung wird von dem stellvertretenden kommandirenden General des 9. Armeecorps wieder aufgehoben.

4. August. Glänzender Sieg der III. Armee unter den Augen des Kronprinzen von Preußen bei Erstürmung von Weißenburg und des dahinter liegenden Geisberges durch Regimenter vom 5. und 11. preußischen und 2. bayerischen Armee-Corps. Die französische Division Douay vom Corps Mac Mahon wird unter Zurücklassung ihres Zeltlagers in Auflösung zurückgeworfen, General Douay getödtet.[14]

— Auf die zur freiwilligen Zeichnung ausgelegte Bundesanleihe werden am 3. und 4. August ca. 68,300,000 Thlr. gezeichnet.

---

[12] Anlage 12.
[13] Anlage 13.
[14] Anlage 14.

4. August. Die Franzosen beschießen den von Burbach nach Trier fahrenden Eisenbahnzug bei Burbach mit Granaten.

— Die badische Division rückt auf dem linken Rheinufer von der Pfalz aus nach Süden vor und überschreitet die französische Grenze. Hauptquartier Lauterburg. Rekognoszirung badischer Truppen bei Selz auf dem linken Rheinufer, 1½ Meile südlich von Lauterburg, 5¼ Meilen nordöstlich von Straßburg.

5. August. Die bei Weißenburg am 4. d. M. siegreiche (III.) Armee des Kronprinzen von Preußen setzt den Vormarsch in Frankreich fort, ohne auf ernstlichen Widerstand zu stoßen.

— Gefecht badischer Truppen am linken Rheinufer bei Münchhausen (gegenüber Steinmauern).

— Die Franzosen bewerfen das Stationsgebäude in St. Johann (bei Saarbrücken) mit Granaten.

— Ein Geschwader der französischen Panzerflotte passirt Korsör (auf Seeland, am großen Belt) südwärts.

— In Paris große Aufregung in Folge des Gerüchts von dem Siege der Preußen bei Weißenburg.

6. August. Großer Sieg der III. Armee unter Führung des Kronprinzen von Preußen bei Wörth (2½ Meile südwestlich von Weißenburg) über das (1.) Corps des Marschalls Mac Mahon, welches durch Divisionen der Corps Faillyu (5. Corps) und Canrobert (6. Corps) verstärkt war. Französischerseits wird General Colson, Generalstabs-Chef Mac Mahons, getödtet, General Ragout vermißt. [15]

— Armeebefehl des Prinzen Friedrich Carl von Preußen (Homburg) an die Soldaten der II. Armee, aus Veranlassung des Einrückens dieser Armee in Frankreich.

— Nachdem sich die Teten der preußischen Kolonnen der I. Armee am 5. der Saar genähert hatten, greift General v. Kamecke mit der 14. Division das Corps Frossard und 2 Divisionen anderer französischer Corps westlich von Saarbrücken in deren verschanzter Stellung auf den Bergen von Spicheren an. Mit Unterstützung von Abtheilungen der 16. Division und der 5. und 6. Division von der II. Armee wird unter dem Kommando des Generals v. Goeben die feindliche Position erstürmt und der Feind zum Rückzug gezwungen. Der Commandeur der 27. Infanterie-Brigade, General-Major v. François, fällt. General v. Steinmetz übernimmt gegen Abend den Oberbefehl.

— In Folge der Siege der deutschen Truppen bei Wörth und Spicheren über beide Flügel der französischen Armee macht diese auf der ganzen Linie Kehrt und tritt den Rückzug nach dem Innern Frankreichs an. Die Franzosen werfen bei ihrem Abzuge aus Saarbrücken Bomben in diese Stadt.

— Die französische Flotte ist vor Bülk (Kieler Meerbusen) in Sicht.

---

[15] Anlage 15.

6. August. Der erste Transport französischer Kriegsge=
fangenen passirt Berlin.

— In Paris fieberhafte Aufregung, gesteigert durch bald
als falsch erwiesene Börsengerüchte über eine von den Franzosen
gewonnene Schlacht. Proklamation des Ministerconseils, welche
zur Ruhe und Ordnung ermahnt.

— Die französischen Truppen, welche den Kirchenstaat be=
setzt hielten, werden in Civita=Vecchia eingeschifft.

7. August. Königliches Hauptquartier in Homburg
(Rheinpfalz).

— Gefecht bayerischer Truppen bei Niederbronn (3½ Meilen
südlich von Bitsch) und württembergischer Kavallerie bei Reichs=
hofen (zwischen Bitsch und Hagenau) gegen Truppentheile des
zurückweichenden Mac Mahonschen Corps.

— Die I. Armee besetzt Saargemünd und Forbach, die
III. Hagenau.

— Prinz Friedrich Carl von Preußen (II. Armee) verlegt
sein Hauptquartier nach Blieskastel.

— Sieges = Dankgottesdienst im Dome zu Berlin. Dem=
nächst verkünden die Geschütze den Sieg bei Wörth.

— Buß = und Bettag im Großherzogthum Mecklenburg=
Schwerin und im Königreich Bayern.

— Ein Theil der französischen Flotte vor Bülk steuert
südlich Fehmarn.

— In Paris werden die Telegramme des Kaisers, welche
den Verlust der Schlachten eingestehen, publizirt. Die Kaiserin
trifft in Paris ein und erläßt eine Proklamation, durch welche
alle guten Bürger aufgefordert werden, die Ordnung aufrecht
zu erhalten. Das Seinedepartement wird in Belagerungs=
zustand erklärt, der gesetzgebende Körper und der Senat werden
zum 11. August berufen.

8. August. Bundes=Präsidialverordnung, betreffend das
Verbot der Ausfuhr und Durchfuhr von Waffen, Kriegs=
munition, Blei, Schwefel und Salpeter.

— Armeebefehl des Königs an die die französische Grenze
überschreitenden Truppen. [16]

— Desgl. des Oberbefehlshabers der I. Armee, General
v. Steinmetz (Völklingen).

— Die Kavallerie der badischen Division geht bis unter
die Thore Straßburgs vor und zerstört die Eisenbahn und die
Telegraphenlinien nach Lyon.

— Die hessische Kammer spricht den deutschen Heerführern
einstimmig den Dank aus für die kräftige Abwehr des ruchlosen
Angriffs auf die deutschen Grenzen.

— Proklamation der Minister in Paris, durch welche das
Volk zur Erhebung aufgefordert wird. Der gesetzgebende Kör=
per wird schon zum 9. d. M. berufen.

---

[16] Anlage 16.

9. August. Meldung aus dem Hauptquartier Homburg (Rheinpfalz), daß der König dem Kronprinzen für den Sieg bei Weißenburg das Eiserne Kreuz zweiter Klasse verliehen hat.

— Königliches Hauptquartier in Saarbrücken.

— St. Avold (an der Eisenbahn von Saarbrücken nach Metz) wird von preußischen Truppen besetzt. Preußische Patrouillen streifen bis 2 Meilen vor Metz.

— Die Feste Lützelstein (La petite pierre) wird von der III. Armee besetzt und das Fort Lichtenberg (nordwestlich von Hagenau) in Brand geschossen.

— Der Kommandant der Festung Straßburg, welche von den deutschen Truppen von allen Seiten cernirt ist, wird von dem General v. Beyer zur Uebergabe aufgefordert; er weist die Aufforderung zurück.

— Bekanntmachung des Finanz-Ministers Camphausen, daß Frankreich aufgehört hat, die Erzeugnisse des Zollvereins gleich denjenigen der meistbegünstigtsten Nationen zu behandeln, und daß in Folge dessen auch französischer Wein, welcher nach dem 10. d. M. über die Zollgrenze eingeht, mit 4 Thlr. für den Centner zu verzollen ist.

— Marschall Bazaine übernimmt den Oberbefehl über die französische Armee.

— Ein zweites französisches Panzergeschwader passirt Dover, nach der Ostsee steuernd.

— Die französischen Kammern werden eröffnet. Im Senat verliest der Minister Parieu, im gesetzgebenden Körper der Minister Ollivier eine Erklärung, nach welcher die Regierung eine allgemeine Organisation der Nationalgarde, die Einverleibung der Mobilgarde in die aktive Armee und die Einziehung der Altersklasse 1871 verlangt. Nach heftigen Scenen nimmt der gesetzgebende Körper eine motivirte Tagesordnung an, welche ein Mißtrauensvotum gegen das Ministerium ausspricht. Das Ministerium tritt in Folge dessen zurück, und Marschall Graf Palikao wird mit der Bildung eines neuen Ministeriums beauftragt. Der gesetzgebende Körper beschließt, daß die unverheiratheten Soldaten der Altersklassen 1858—1863 zu den Fahnen einberufen werden sollen. Tumultuanten auf dem Boulevard werden durch berittene Munizipalgarden zerstreut.

— Der Belagerungszustand wird in Frankreich über die Departements der I., III., VII. und Theile der VIII. Militärdivision verhängt.

— In London wird zwischen dem Grafen Bernstorff und Lord Granville ein neuer Vertrag bezüglich Belgiens unterzeichnet.

10. August. Das Königliche Hauptquartier trifft in Saarbrücken ein.

— Die französische Armee setzt auf allen Punkten den Rückzug nach der Mosel fort, gefolgt von der deutschen Kavallerie. Die Linie Saarunion, Groß-Tenquin, Faulquemont, Fouligny, les Etangs ist von der deutschen Kavallerie bereits überschritten.

— Der »Staats-Anzeiger« veröffentlicht ein Schreiben des Grafen Benedetti an den Präsidenten des Staats-Ministeriums

Grafen Bismarck vom 5. August 1866 nebst dazu gehörigem
Entwurf einer von Frankreich vorgeschlagenen geheimen Konvention, die Abtretung des linken Rheinufers an Frankreich betreffend.

10. August. Depesche des Bundeskanzlers (in dessen Vertretung
v. Thile), mittelst welcher der vorerwähnte Vertragsentwurf vom
5. August 1866 den Gesandten des Norddeutschen Bundes mitgetheilt wird.

— In dem französischen gesetzgebenden Körper werden
die Namen der neuen Minister von dem Grafen Palikao bekannt gemacht.

11. August. Königliches Hauptquartier in Saint-Avold.

— Proklamation des Königs von Preußen an das französische Volk. [17])

— Der Kronprinz von Preußen dankt im Namen des
Königs von Preußen und der verbündeten Fürsten in einem
Tagesbefehl der III. Armee für deren bei Weißenburg und
Wörth bewiesene Tapferkeit.

— Bekanntmachung des Finanz-Ministers Camphausen,
daß alle im freien Verkehr des Zollvereins befindlichen Waaren
über die Grenze nach den von den deutschen Heeren besetzten
Theilen Frankreichs zollfrei eingelassen werden.

— In Frankreich wird das (am 10. von dem gesetzgebenden Körper angenommene) Gesetz, betreffend die Vermehrung
der Streitkräfte, publizirt.

— Der gesetzgebende Körper Frankreichs nimmt den Antrag, die Nationalgarde auf Grund des Gesetzes von 1831 zu
reorganisiren, an, und genehmigt die Gesetzentwürfe, betreffend
die Erhöhung des Kriegskredits auf 1000 Millionen Francs und
Einführung des Zwangskurses für Bankbillets. (Diese Gesetze
werden unterm 12. August publizirt.)

— Lord Granville erläßt zur Widerlegung der von deutscher Seite vorgebrachten Beschwerden wegen angeblich einseitig
beobachteter Neutralität eine Cirkulardepesche an die Vertreter
Großbritanniens im Auslande.

12. August. Die Kavallerie der deutschen Armeen ist bis
vor Metz, Pont-à-Mousson und Nancy vorgedrungen. Das
erste bayerische Armee-Corps bivouakirt bei Dimeringen (bei
Saarunion). Die Festung Lichtenberg kapitulirt.

— Cirkular-Erlaß des Staats-Sekretärs v. Thile an die
Gesandten bei den süddeutschen Höfen, die von dem Herzog von
Gramont in einer Depesche vom 3. d. M ausgesprochene un-
wahre Behauptung betreffend, Graf von Bismarck hätte Be-
fürchtungen vor einer eventuellen Allianz der süddeutschen
Staaten mit Oesterreich geäußert.

— Marschall Bazaine wird zum Oberbefehlshaber der Rhein-
Armee, General Trochu wird zum General en chef eines bei

---

[17]) Anlage 17.

Châlons zu bildenden 12. französischen Corps, General Vinoy zum General en chef eines bei Paris zu formirenden 13. Corps ernannt. General Lebœuf wird als Generalstabschef entlassen. 12. August. Eine französische Panzerflotte erscheint bei Helgoland.

— Der französische Senat genehmigt die am 11. d. M. von dem gesetzgebenden Körper angenommenen Gesetze.

— Der Minister Chevreau theilt dem französischen gesetzgebenden Körper mit, daß die Regierung Anstalten treffe, alle deutschen Unterthanen von dem französischen Boden zu vertreiben. 13. August. Königliches Hauptquartier in Faulquemont, (5 Ml. von Metz). Se. Majestät mit der engeren militärischen Begleitung weilen in Schloß Herny (4 Ml. von Metz).

— Königliche Proklamation, die Abschaffung der Konscription in den von deutschen Truppen besetzten französischen Gebietstheilen ꝛc. betreffend. [18]

— General-Lieutnant v. Werder wird zum Oberbefehlshaber eines bei Hagenau zu konzentrirenden Truppencorps ernannt.

— Die deutsche Kavallerie zerstört nördlich von Nancy die Eisenbahn bei Frouard (auf dem linken Moselufer).

— Drei kleine siegreiche Gefechte der badischen Division vor Straßburg.

— Der Kommandant der vor Helgoland kreuzenden französischen Escadre, Vize-Admiral Fourichon, benachrichtigt den Gouverneur der Insel, sowie den britischen Konsul in Cuxhaven, daß die deutsche Nordseeküste von Baltrum (westlich Norderney) südwärts vom 15. August ab in Blokadezustand erklärt wird.

14. August. Siegreiches Gefecht von Truppen des 7. und 1. Armee-Corps bei Metz (Courcelles) gegen die Corps Decaen (3.), Frossard (2.) und l'Admirault (4.). [19] Die Franzosen räumen das rechte Moselufer und werden bis hinter die Festungswerke von Metz zurückgetrieben. [20]

— Preußische Rekognoszirung gegen Toul; die Festung wird zur Uebergabe aufgefordert.

— Rencontre badischer Vorposten mit der Straßburger Besatzung bei Straßburg.

— Ernennung des Generals der Infanterie und General-Adjutanten von Bonin zum General-Gouverneur in Lothringen und des General-Lieutenants Grafen von Bismark-Bohlen zum General-Gouverneur im Elsaß.

— Der Kaiser und der Kaiserliche Prinz verlassen Metz um sich nach Verdun zu begeben.

15. August. Die französische Festung Marsal (an der Seille im Departement der Meurthe) kapitulirt.

---

[18] Anlage 18.
[19] Anlage 19.
[20] Anlage 20.

15. August. Preußische Kavallerie in Commercy (Maas-
departement, östlich von Bar-le-Duc).

— In Paris (Billette) Aufstand, der unterdrückt wird.

16. August. Königliches Hauptquartier in Pont-à-Mousson.

— Nachdem General - Lieutenant von Alvensleben mit
dem 3. Armee-Corps westlich von Metz auf die Rückzugs-
straße des Feindes nach Verdun vorgerückt, findet bei Metz
(Vionville) eine blutige Schlacht gegen Divisionen der
Corps von Decaen (3.), l'Admirault (4.), Frossard (2.), Canrobert (6.) und die Kaiserliche Garde statt. Das 3. und 10. Corps,
durch Abtheilungen des 8. und 9. Corps unter Oberbefehl des
Prinzen Friedrich Carl succeffive unterstützt, wirft den Feind
trotz bedeutender Ueberlegenheit nach 12stündigem heißen Ringen
auf Metz zurück. General von Doering fällt, die Generale
von Rauch, von Grüter werden verwundet.

— Gefecht bei Toul (4. Armeecorps).

— Die strasburger Garnison unternimmt einen Ausfall
gegen Ostwald, wird aber mit Verlust von Mannschaften und
von 3 Geschützen zurückgeschlagen.

— Der gesetzgebende Körper Frankreichs genehmigt die
Einstellung der Jahrgänge 1865 und 1866 in die Mobilgarde.

17. August. Der König von Preußen begrüßt die Truppen auf dem siegreich behaupteten Schlachtfelde bei Metz.

— Gefecht der »Grille« und der Kanonenboote »Drache«,
»Blitz« und »Salamander« gegen eine französische Escadre bei
Hiddensee (Rügen).

— Der württembergische Kriegs-Minister v. Suckow wird
zum General-Gouverneur von Württemberg ernannt.

— Der Kaiser von Frankreich trifft in Châlons ein.

— General Trochu wird zum Gouverneur von Paris und
Oberbefehlshaber aller Streitkräfte daselbst ernannt.

18. August. Großer Sieg unter Führung des Königs von
Preußen bei Metz (Gravelotte). Die französische Armee wird
vollständig geschlagen, von ihren Verbindungen mit Paris
abgeschnitten und gegen Metz zurückgeworfen. [21]

— Die Blokadeerklärung rücksichtlich der Ostseehäfen (vom
19. ab) wird Seitens des Oberbefehlshabers des französischen
Panzergeschwaders im Norden, Vieeadmirals Grafen Bouët-
Willaumez, von französischen Schiffen in Swinemünde und
Lübeck übergeben.

— Französisches Gesetz, welches die jungen Leute der
Altersklassen 1865 und 1866, die unverheirathet oder kinderlos
verwittwet sind, sowie die ehemaligen Soldaten zur Fahne ruft.

19. August. Brief des Königs an die Königin vom
Schlachtfelde bei Rezonville. [22]

— Der Kronprinz von Sachsen erhält den Oberbefehl über
eine neugebildete IV. Armee, welche aus dem preußischen
Gardecorps, dem 4. und 12. (Königl. Sächsischen) Armeecorps,

---

[21] Anlage 21.
[22] Anlage 22.

sowie der 5. und 6. Kavallerie-Division zusammengesetzt ist
Generalmajor Frhr. v. Schlotheim wird zum Chef des Stabes
dieser Armee ernannt.

19. August. Beginn der Beschießung Straßburgs durch
die badische Division.   Die Besatzung Straßburgs schießt die
offene Stadt Kehl in Brand.

— Französische Kriegsschiffe übergeben in Kiel die Blokade
erklärung rücksichtlich der Ostseehäfen.

Anlagen.

1.

Verordnung, betreffend die Einberufung des Reichs-
tages des Norddeutschen Bundes.
Vom 15. Juli 1870.

Wir **Wilhelm,** von Gottes Gnaden König von Preußen zc. verordnen auf Grund des Artikels 12 der Verfassung
des Norddeutschen Bundes, im Namen des Bundes, was folgt:
Der Reichstag des Norddeutschen Bundes wird berufen,
am 19. Juli d. J. in Berlin zusammenzutreten, und beauf-
tragen Wir den Bundeskanzler mit den zu diesem Zwecke
nöthigen Vorbereitungen.
Urkundlich unter Unserer Höchsteigenhändigen Unterschrift
und beigedrucktem Bundes-Insiegel.
Gegeben Berlin, den 15. Juli 1870.

(L. S.) Wilhelm.

Gr. v. Bismarck-Schönhausen.

2.

»Es ist Mir, meine Herren, außerordentlich wohlthuend,
Sie in diesem ernsten Augenblick hier versammelt zu sehen.
Die Adresse, welche Sie im Namen Meiner Residenz Mir über-
reicht haben, giebt den großen Empfindungen, die uns bewegen,
in ergreifender Weise Ausdruck. Sie hat Mich durch ihre
Wahrheit tief gerührt. Sie haben Recht. Ich habe diesen
Krieg nicht zu verantworten. Gott weiß es, Ich trage keine
Schuld. Eine Herausforderung war an Mich gerichtet. Ich
mußte sie zurückweisen. Die Antwort zündete.

2

Der Empfang, der Mir überall in den Städten und Landen, durch die Ich gekommen, bereitet wurde, die Zustimmung, die Ich von allen Seiten aus Deutschland, selbst von Deutschen jenseits des Meeres, empfangen habe, die Begrüßung, welche Mir am Freitag Abend hier zu Theil wurde, haben Mich erhoben und mit Zuversicht erfüllt.

Es werden schwere Opfer von Meinem Volke gefordert werden. Wir wollen es uns nicht verhehlen, wir sind durch den unter Gottes Beistand erlangten raschen Sieg in zwei glücklichen Kriegen verwöhnt. So leichten Kaufes werden wir dieses Mal nicht davon kommen.

Aber Ich weiß, was Ich von Meiner Armee, was Ich von Denen, die zu den Fahnen eilen, erwarten darf. Das Instrument ist scharf und schneidig. Der Erfolg, mit dem es geführt werden wird, steht bei Gott.

Ich weiß auch, was Ich von Denen erwarten darf, die — wie Sie es in Ihrer Adresse so schön betonen — berufen sein werden, die Wunden, die geschlagen, die Leiden und Schmerzen, die der Krieg bereitet, zu stillen und zu lindern.

Noch einmal, meine Herren, was Sie Mir im Namen Meiner Residenz aussprechen, hat Mir innig wohl gethan. Ich danke Ihnen herzlich dafür und Ich bitte Sie zugleich, der Bürgerschaft Meinen aufrichtigen Dank auszusprechen für den überraschenden Empfang, den sie Mir bei Meiner Rückkehr bereitete und von dem Ich keine Ahnung hatte.«

3.

»Geehrte Herren vom Reichstage des Norddeutschen Bundes!

Als Ich Sie bei Ihrem letzten Zusammentreten an dieser Stelle im Namen der verbündeten Regierungen willkommen hieß, durfte Ich es mit freudigem Danke bezeugen, daß Meinem aufrichtigen Streben, den Wünschen der Völker und den Bedürfnissen der Civilisation durch Verhütung jeder Störung des Friedens zu entsprechen, der Erfolg unter Gottes Beistand nicht gefehlt habe.

Wenn nichts desto weniger Kriegsdrohung und Kriegsgefahr den verbündeten Regierungen die Pflicht auferlegt haben, Sie zu einer außerordentlichen Session zu berufen, so wird in Ihnen wie in Uns die Ueberzeugung lebendig sein, daß der Norddeutsche Bund die deutsche Volkskraft nicht zur Gefährdung, sondern zu einer starken Stütze des allgemeinen Friedens auszubilden bemüht war und daß, wenn Wir gegenwärtig diese Volkskraft zum Schutze Unserer Unabhängigkeit aufrufen, Wir nur dem Gebote der Ehre und der Pflicht gehorchen.

Die spanische Thronkandidatur eines deutschen Prinzen, deren Aufstellung und Beseitigung die verbündeten Regierungen gleich fern standen und die für den Norddeutschen Bund nur in sofern von Interesse war, als die Regierung jener Uns befreundeten Nation daran die Hoffnung zu knüpfen schien, einem vielgeprüften Lande die Bürgschaften einer geordneten und friedliebenden Regierung zu gewinnen, hat dem Gouvernement des Kaisers der Franzosen den Vorwand geboten, in einer dem diplomatischen Verkehre seit langer Zeit unbekannten Weise den Kriegsfall zu stellen und denselben, auch nach Beseitigung jenes Vorwandes, mit jener Geringschätzung des Anrechtes der Völker auf die Segnungen des Friedens festzuhalten, von welcher die Geschichte früherer Beherrscher Frankreichs analoge Beispiele bietet.

Hat Deutschland derartige Vergewaltigungen seines Rechts und seiner Ehre in früheren Jahrhunderten schweigend ertragen, so ertrug es sie nur, weil es in seiner Zerrissenheit nicht wußte, wie stark es war. Heut, wo das Band geistiger und rechtlicher Einigung, welches die Befreiungskriege zu knüpfen begannen, die deutschen Stämme je länger, desto inniger verbindet; heut, wo Deutschlands Rüstung dem Feinde keine Oeffnung mehr bietet, trägt Deutschland in sich selbst den Willen und die Kraft der Abwehr erneuter französischer Gewaltthat.

Es ist keine Ueberhebung, welche Mir diese Worte in den Mund legt. Die verbündeten Regierungen, wie Ich Selbst, Wir handeln in dem vollen Bewußtsein, daß Sieg und Niederlage in der Hand des Lenkers der Schlachten ruhen. Wir haben mit klarem Blicke die Verantwortlichkeit ermessen, welche vor den Gerichten Gottes und der Menschen den trifft, der zwei große und friedliebende Völker im Herzen Europas zu verheerenden Kriegen treibt.

Das deutsche, wie das französische Volk, Beide die Segnungen christlicher Gesittung und steigenden Wohlstandes gleichmäßig genießend und begehrend, sind zu einem heilsameren Wettkampfe berufen, als zu dem blutigen der Waffen.

Doch die Machthaber Frankreichs haben es verstanden, das wohlberechtigte aber reizbare Selbstgefühl unseres großen Nachbarvolkes durch berechnete Mißleitung für persönliche Interessen und Leidenschaften auszubeuten.

Je mehr die verbündeten Regierungen sich bewußt sind, Alles, was Ehre und Würde gestatten, gethan zu haben, um Europa die Segnungen des Friedens zu bewahren, und je unzweideutiger es vor Aller Augen liegt, daß man Uns das Schwert in die Hand gezwungen hat, mit um so größerer Zuversicht wenden Wir Uns, gestützt auf den einmüthigen Willen der deutschen Regierungen des Südens wie des Nordens, an die Vaterlandsliebe und Opferfreudigkeit des deutschen Volkes mit dem Aufrufe zur Vertheidigung seiner Ehre und seiner Unabhängigkeit.

Wir werden nach dem Beispiele Unserer Väter für Unsere Freiheit und für Unser Recht gegen die Gewaltthat fremder Eroberer kämpfen und in diesem Kampf, in dem Wir kein anderes Ziel verfolgen, als den Frieden Europas dauernd zu sichern, wird Gott mit Uns sein, wie er mit Unsern Vätern war.«

2*

4.

Angesichts der ernsten Lage des Vaterlandes und in dankbarer Erinnerung an die Heldenthaten unserer Vorfahren in den großen Jahren der Befreiungskriege, will Ich das von Meinem in Gott ruhenden Vater gestiftete Ordenszeichen des eisernen Kreuzes in seiner ganzen Bedeutung wieder aufleben lassen. Das eiserne Kreuz soll, ohne Unterschied des Ranges oder Standes, verliehen werden, als eine Belohnung für das Verdienst, welches entweder im wirklichen Kampfe mit dem Feinde, oder daheim, in Beziehung auf diesen Kampf für die Ehre und Selbständigkeit des theuren Vaterlandes, erworben wird. Das Staats-Ministerium hat Mir den Entwurf einer Urkunde über die Stiftung des eisernen Kreuzes unverzüglich vorzulegen. Ich bemerke in Bezug hierauf:

1) die für diesen Krieg wieder ins Leben gerufene Auszeichnung des eisernen Kreuzes soll, wie früher, aus zwei Klassen und einem Großkreuz bestehen. Die Ordenszeichen sowie das Band bleiben unverändert, nur ist auf der glatten Vorderseite das W. mit der Krone und darunter die Jahreszahl 1870 anzubringen;

2) die 2. Klasse wird an einem schwarzen Bande mit weißer Einfassung, wenn das Verdienst im Kampf mit dem Feinde erworben ist, und an einem weißen Bande mit schwarzer Einfassung, wenn dies nicht der Fall ist, im Knopfloch, die 1. Klasse auf der linken Brust und das Großkreuz noch einmal so groß als die der beiden Klassen, um den Hals getragen;

3) die 2. Klasse des eisernen Kreuzes soll zuerst verliehen werden; die 1. Klasse kann nicht anders erfolgen, als wenn die 2. schon erworben war, und wird neben der letzteren getragen;

4) das Großkreuz kann ausschließlich nur für eine gewonnene entscheidende Schlacht, nach welcher der Feind seine Position verlassen mußte, desgleichen für Wegnahme einer bedeutenden Festung oder für die anhaltende Vertheidigung einer Festung, die nicht in feindliche Hände fällt, der Kommandirende erhalten;

5) alle Vorzüge, die bisher mit dem Besitz des Ehrenzeichens 1. und 2. Klasse verbunden waren, gehen auf das eiserne Kreuz 1. und 2. Klasse über;

6) Ich behalte Mir vor, darüber Bestimmung zu treffen, ob und in wie weit die jetzt bestehenden Kriegsorden und

Militär-Ehrenzeichen auch in diesem Kriege zur Ausgabe
gelangen sollen.

Berlin, den 19. Juli 1870.

Wilhelm.

An das Staats-Ministerium.

5.

Dem König von Bayern.

Nach erhaltenem Telegramm von Ihrem Ministerium
habe ich sofort das Kommando über Ihre Armee übernommen
und dieselbe der unter meinem Sohn gestellten III. Armee überwiesen. Wir sind durch unerhörten Uebermuth aus dem tief-
sten Frieden in den Krieg geworfen. Ihre ächt deutsche Haltung hat auch Ihr Volk elektrisirt, und ganz Deutschland steht
einig zusammen, wie nie zuvor. Gott wolle unsere Waffen
segnen in den Wechselfällen des Krieges! Ihnen persönlich muß
ich aber meinen innigen Dank aussprechen für die treue Festhaltung der zwischen uns bestehenden Verträge, auf denen das
Heil Deutschlands beruht.

Wilhelm, Rex.

6.

Allerhöchster Erlaß vom 21. Juli 1870 — betreffend
die Abhaltung eines außerordentlichen allgemeinen
Bettages am 27. Juli d. J.

Ich bin gezwungen, in Folge eines willkürlichen Angriffs
das Schwert zu ziehen, um denselben mit aller Deutschland zu
Gebote stehenden Macht abzuwehren. Es ist Mir eine große
Beruhigung vor Gott und den Menschen, daß Ich dazu in
keiner Weise Anlaß gegeben habe. Ich bin reinen Gewissens
über den Ursprung dieses Krieges und der Gerechtigkeit unserer
Sache vor Gott gewiß. Es ist ein ernster Kampf, den es gilt,
und er wird Meinem Volke und ganz Deutschland schwere
Opfer auflegen. Aber Ich ziehe zu ihm aus im Aufblicke
zu dem allwissenden Gott und mit Anrufung Seines allmäch-
tigen Beistandes. Schon jetzt darf Ich Gott dafür preisen, daß
vom ersten Gerücht des Krieges an durch alle deutsche Herzen
nur ein Gefühl rege wurde und sich kund gab, daß der Ent-
rüstung über den Angriff und der freudigen Zuversicht, daß
Gott der gerechten Sache den Sieg verleihen werde. Mein
Volk wird auch in diesem Kampfe zu Mir stehen, wie es zu

Meinem in Gott ruhenden Vater gestanden hat. Es wird mit Mir alle Opfer bringen, um den Völkern den Frieden wieder zu gewinnen. Von Jugend auf habe Ich vertrauen gelernt, daß an Gottes gnädiger Hülfe alles gelegen ist. Auf Ihn hoffe Ich und fordere Ich Mein Volk auf zu gleichem Vertrauen. Ich beuge Mich vor Gott in Erkenntniß Seiner Barmherzigkeit und bin gewiß, daß Meine Unterthanen und Meine Landsleute es mit Mir thun. Demnach bestimme Ich, daß am Mittwoch, den 27. Juli, ein außerordentlicher allgemeiner Bettag gehalten und mit Gottesdienst in den Kirchen, sowie mit Enthaltung von öffentlichen Geschäften und Arbeit, soweit die dringende Noth der Zeit es gestattet, begangen werde. Zugleich bestimme Ich, daß während der Dauer des Krieges in allen öffentlichen Gottesdiensten dafür besonders gebetet werde, daß Gott in diesem Kampfe uns zum Siege führe, daß Er uns Gnade gebe, auch gegen unsere Feinde uns als Christen zu verhalten, und daß Er uns zu einem die Ehre und Unabhängigkeit Deutschlands dauernd verbürgenden Frieden in Gnaden gelangen lasse.

Berlin, den 21. Juli 1870.

Wilhelm.

von Mühler.

An den Minister der geistlichen Angelegenheiten.

7.

Aus allen Stämmen des Deutschen Vaterlandes, aus allen Kreisen des Deutschen Volkes, selbst von jenseits des Meeres sind Mir aus Anlaß des bevorstehenden Kampfes für die Ehre und Unabhängigkeit Deutschlands von Gemeinden und Korporationen, von Vereinen und Privatpersonen so zahlreiche Kundgebungen der Hingebung und Opferfreudigkeit für das gemeinsame Vaterland zugegangen, daß es Mir ein unabweisliches Bedürfniß ist, diesen Einklang des Deutschen Geistes öffentlich zu bezeugen und dem Ausdruck Meines Königlichen Dankes die Versicherung hinzuzufügen, daß Ich dem Deutschen Volke Treue um Treue entgegenbringe und unwandelbar halten werde. Die Liebe zu dem gemeinsamen Vaterlande, die einmüthige Erhebung der Deutschen Stämme und ihrer Fürsten hat alle Unterschiede und Gegensätze in sich beschlossen und versöhnt, und einig, wie kaum jemals zuvor, darf Deutschland in seiner Einmüthigkeit, wie in seinem Recht, die Bürgschaft finden, daß der Krieg ihm den dauernden Frieden bringen und daß aus der blutigen Saat eine von Gott gesegnete Ernte Deutscher Freiheit und Einigkeit sprießen werde.

Berlin, den 25. Juli 1870.

Wilhelm.

8

Dem König von Würtemberg.

Ew. Majestät haben getreu den zwischen uns bestehenden
Verträgen Ihre Truppen unter meine Befehle gestellt und sind
dieselben speziell dem Kommando meines Sohnes, des Kronprinzen, zugetheilt. Gott wolle unsere gemeinsamen Anstrengungen segnen bei hartem Kampfe, damit endlich ein ge-
sicherter Frieden Deutschland zu erneuter Blüthe führe. Dank
Ew. Majestät und der einmüthigen Gesinnung Württembergs
steht Deutschland in Festigkeit zusammen.

Wilhelm, Rex.

9.

Majestät!

Unter den ernsten Umständen, worin wir uns befinden,
wird es Ihnen vielleicht ungewöhnlich erscheinen, von mir
einen Brief zu empfangen, aber als Stellvertreter des Gottes
des Friedens auf Erden glaube ich nicht weniger thun zu
können, als Ihnen meine Vermittelung anzubieten. Mein
Wunsch ist, die Kriegsvorbereitungen verschwinden zu sehen
und die Uebel, welche die unvermeidliche Folge davon sind,
zu verhindern. Meine Vermittelung ist die eines Souverains,
der in seiner Eigenschaft als Regent wegen der Kleinheit seines
Gebietes keine Eifersucht einflößen kann, der aber gleichwohl
durch den moralischen und religiösen Einfluß, den er personifi-
zirt, Vertrauen einflößen wird. Möge Gott meine Wünsche
erhören und auch die, welche ich für Ew. Majestät hege, mit
welcher ich wünsche, durch die Bande derselben Christenliebe
vereinigt zu sein.   Pius R. P. IX.

Aus dem Vatikan am 22. Juli 1870.

Nachschrift. Ich habe gleichfalls an Se. Majestät den
Kaiser der Franzosen geschrieben.

10.

Sehr erhabener Papst!

Ich war nicht erstaunt, sondern tief bewegt, als ich die
von Ihrer Hand aufgezeichneten rührenden Worte las, um
mich die Stimme des Gottes des Friedens hören zu lassen.
Wie könnte mein Herz einen so mächtigen Ruf nicht hören!
Gott ist mein Zeuge, daß weder ich noch mein Volk den

Krieg gewünscht oder hervorgerufen haben. Indem wir den geheiligten Pflichten, welche Gott den Souveränen und den Nationen auflegt, gehorchen, ergreifen wir das Schwert, um die Unabhängigkeit und die Ehre des Vaterlandes zu vertheidigen, und wir werden immer bereit sein, es niederzulegen, sobald diese Güter bewahrt sein können. Wenn Ew. Heiligkeit mir von Seiten dessen, welcher den Krieg so unvermuthet erklärt hat, die Versicherung aufrichtig friedlicher Gesinnungen und Bürgschaften gegen die Rückkehr eines ähnlichen Angriffes auf den Frieden und die Ruhe Europas geben könnten, so würde ich sicher mich nicht weigern, sie aus den verehrungswürdigen Händen Ew. Heiligkeit zu empfangen, mit der ich durch die Bande der christlichen Liebe und einer aufrichtigen Freundschaft verbunden bin.

Berlin, den 30. Juli 1870.

Wilhelm.

11.

An Mein Volk!

Indem Ich heute zur Armee gehe, um mit ihr für Deutschlands Ehre und für Erhaltung unserer höchsten Güter zu kämpfen, will Ich, im Hinblicke auf die einmüthige Erhebung Meines Volkes, eine Amnestie für politische Verbrechen und Vergehen ertheilen. Ich habe das Staats-Ministerium beauftragt, Mir einen Erlaß in diesem Sinne zu unterbreiten.

Mein Volk weiß mit Mir, daß Friedensbruch und Feindschaft wahrhaftig nicht auf unserer Seite war.

Aber herausgefordert, sind wir entschlossen, gleich unseren Vätern und in fester Zuversicht auf Gott den Kampf zu bestehen zur Errettung des Vaterlandes.

Berlin, den 31. Juli 1870.

Wilhelm.

12.

An die Armee!

Ganz Deutschland steht einmüthig in den Waffen gegen einen Nachbarstaat, der uns überraschend und ohne Grund den Krieg erklärt hat. Es gilt die Vertheidigung des bedrohten Vaterlandes, unsere Ehre, des eigenen Heerdes. Ich übernehme heute das Kommando über die gesammten Armeen und ziehe getrost in einen Kampf, den unsere Väter in gleicher Lage einst ruhmvoll bestanden. Mit Mir blickt das ganze Vaterland vertrauensvoll auf Euch. Gott der Herr wird mit unserer gerechten Sache sein.

Mainz, den 2. August 1870.

Wilhelm.

13.

Wir **Wilhelm**, von Gottes Gnaden König von Preußen 2c., wollen aus Anlaß der patriotischen Einmüthigkeit, mit welcher Unser Volk sich zu dem Uns jetzt aufgedrungenen Kampfe erhoben hat, allen denjenigen Personen, welche bis zum heutigen Tage

wegen hochverrätherischer und landesverrätherischer Handlungen, Beleidigung der Majestät oder eines Mitgliedes des Königlichen Hauses, oder feindseliger Handlungen gegen befreundete Staaten,

wegen Verbrechen und Vergehen in Beziehung auf die Ausübung der staatsbürgerlichen Rechte,

wegen der in den §§. 87 bis 93 einschließlich, und in den §§. 97 bis 103 einschließlich des jetzt geltenden Strafgesetzbuchs als Widerstand gegen die Staatsgewalt und als Verletzung der öffentlichen Ordnung bezeichneten Verbrechen und Vergehen,

oder wegen irgend einer anderen, mittelst der Presse begangenen, oder in dem Gesetz über die Presse vom 12. Mai 1851 (Ges.-Samml. S. 273) und in der das Versammlungs- und Vereinigungs-Recht betreffenden Verordnung vom 11. März 1850 (Ges.-Samml. S. 277) unter Strafe gestellten strafbaren Handlung

zu einer Freiheits- oder Geldstrafe von Unsern Gerichten rechtskräftig verurtheilt worden sind, diese Strafe, soweit sie noch unvollstreckt ist, in Gnaden hierdurch erlassen, ihnen auch, unter Niederschlagung der noch rückständigen Kosten, die etwa entzogene Ausübung der bürgerlichen Ehrenrechte wieder verleihen und die etwa über sie verhängte Stellung unter Polizei-Aufsicht aufheben.

Wegen derjenigen Verurtheilungen der vorbezeichneten Art, welche erst nach dem heutigen Tage wegen einer vor demselben begangenen, unter den gegenwärtigen Erlaß fallenden strafbaren Handlung rechtskräftig erfolgen möchten, wollen Wir die von Amtswegen zu stellenden Anträge Unseres Justiz-Ministers, oder, wenn die Verurtheilung durch ein Militärgericht erfolgt, Unseres Kriegs-Ministers erwarten. Ingleichen sind Unserer Entschließung diejenigen Fälle zu unterbreiten, in welchen wegen einer unter den gegenwärtigen Erlaß fallenden und zugleich wegen einer anderen strafbaren Handlung eine das niedrigste gesetzliche Strafmaß für die letztere überschreitende Strafe rechtskräftig erkannt ist, ohne daß aus dem Erkenntnisse erhellt, wie viel von der Strafe auf jede einzelne der strafbaren Handlungen gerechnet ist.

Unfer Staats-Ministerium hat für die schleunige Bekanntmachung und Ausführung dieses Unseres Gnaden-Erlasses
Sorge zu tragen.

Mainz, den 3. August 1870.

Wilhelm.

Graf von Bismarck-Schönhausen. von Roon. Graf
von Itzenplitz. von Mühler. von Selchow.
Graf zu Eulenburg. Leonhardt. Camphausen.
An das Staats-Ministerium.

14.

Mainz, 4. August.

An die Königin Augusta!

Berlin.

Unter Fritzen's Augen heute einen glänzenden aber blutigen
Sieg erfochten durch Stürmung von Weißenburg und des dahinter liegenden Gaisberges. Unser 5. und 11. Corps und
2. bayerisches Armee-Corps fochten.

Feind in Flucht, 500 unverwundete Gefangene, eine Kanone und das Zeltlager in unseren Händen.

Divisions-General Douay todt. Von uns General von
Kirchbach leicht gestreift.

Mein Regiment und 58er starke Verluste. Gott sei ge-
priesen für diese erste glorreiche Waffenthat! Er helfe weiter!

Wilhelm.

15.

An die Königin Augusta!

Welches Glück, dieser neue große Sieg durch Fritz! Preise
nur Gott für seine Gnade! Gewann einige 30 Geschütze,
2 Adler, 6 Mitrailleusen und 4000 Gefangene. Mac Mahon
war verstärkt aus der Haupt-Armee.

Es soll Viktoria geschossen werden.

Wilhelm.

16.

Armee-Befehl.

Soldaten! Die Verfolgung des nach blutigen Kämpfen
zurückgedrängten Feindes hat bereits einen großen Theil unserer
Armee über die Grenze geführt. Mehrere Corps werden heut
und morgen den französischen Boden betreten. Ich erwarte,

daß die Mannszucht, durch welche Ihr Euch bisher ausgezeichnet habt, sich auch besonders auf feindlichem Gebiete bewähren werde. — Wir führen keinen Krieg gegen die friedlichen Bewohner des Landes; es ist vielmehr die Pflicht jedes ehrliebenden Soldaten, das Privateigenthum zu schützen und nicht zu dulden, daß der gute Ruf unseres Heeres auch nur durch einzelne Beispiele von Zuchtlosigkeit angetastet werde. Ich baue auf den guten Geist, der die Armee beseelt, zugleich aber auch auf die Strenge und Umsicht aller Führer.

H.-Q. Homburg, den 8. August 1870.

gez. **Wilhelm.**

17.

Nous Guillaume, roi de Prusse, faisons savoir ce qui suit aux habitants des territoires français occupés par les armées allemandes. L'empereur Napoléon ayant attaqué par terre et par mer la nation allemande, qui désirait et désire encore vivre en paix avec le peuple français, j'ai pris le commandement des armées allemandes pour repousser l'agression et j'ai été amené par les évènements militaires à passer les frontières de la France. Je fais la guerre aux soldats et non aux citoyens français. Ceux-ci continueront par consequent, à jouir d'une sécurité pour leurs personnes et leurs biens, aussi longtemps, qu'ils ne me priveront pas eux mêmes par des entreprises hostilles contre les troupes allemandes du droit de leur accorder ma protection. Les généraux commandants des differents corps détermineront par des dispositions spéciales qui seront portées à la connaissance du public les mesures à prendre envers les communes ou les personnes qui se mettraient en contradiction avec les usages de la guerre, ils régleront de la même manière, tout ce qui se rapporte aux requisitions, qui seront jugées nécessaires pour les besoins des troupes et ils fixeront la différence du cours entre les valeurs allemands et français, afin de faciliter les transactions individuelles entre les troupes et les habitants.

Guillaume.

Wir **Wilhelm,** König von Preußen, thun den Bewohnern der durch die deutschen Armeen besetzten französischen Gebietstheile zu wissen, was folgt: Nachdem der Kaiser Napoleon die deutsche Nation, welche wünschte und noch wünscht, mit dem französischen Volke in Frieden zu leben, zu Wasser und zu Lande angegriffen hatte, habe Ich den Oberbefehl über die deutschen Armeen übernommen, um diesen Angriff zurückzuweisen; Ich bin durch die militärischen Ereignisse dahin gekommen, die Grenzen Frankreichs zu überschreiten. Ich führe

Krieg mit den französischen Soldaten und nicht mit den Bürgern Frankreichs. Diese werden demnach fortfahren, einer vollkommenen Sicherheit ihrer Personen und ihres Eigenthums zu genießen und zwar so lange, als sie Mich nicht selbst durch feindliche Unternehmungen gegen die deutschen Truppen des Rechtes berauben werden, ihnen Meinen Schutz angedeihen zu lassen. Die Generale, welche die einzelnen Corps kommandiren, werden durch besondere Bestimmungen, welche zur Kenntniß des Publikums werden gebracht werden, die Maßregeln feststellen, welche gegen die Gemeinden oder gegen einzelne Personen, die sich in Widerspruch mit den Kriegsgebräuchen setzen, zu ergreifen sind; sie werden in gleicher Weise Alles festsetzen, was sich auf die Requisitionen bezieht, welche durch die Bedürfnisse der Truppen als nöthig erachtet werden, sie werden auch die Coursdifferenz zwischen deutscher und französischer Währung feststellen, um so den Einzelverkehr zwischen den Truppen und den Einwohnern zu erleichtern.

Wilhelm.

18.

Nous Guillaume, Roi de Prusse,
avons arrêté et arrêtons ce qui suit:

Art. 1er. La conscription est abolie dans tout l'étendue du territoire français occupé par les troupes allemandes.

Art. 2ème. Les agents des autorités civiles qui contreviendraient à la disposition contenue dans l'article précédent, soit en opérant ou en facilitant le tirage des conscrits, soit en les engageant à s'y soumettre ou en leur délivrant des ordres de départ ou par tout autre moyen quel qu'il soit, séront destitués de leurs fonctions et détenues en Allemagne jusqu'à ce qu'il soit statué ultérieurement sur leur mise en liberté.

Art. 3ème. Les généraux commandant les differents corps des armées allemandes sont chargés de veiller à l'exécution du présent décret qui acquerra force de loi pour chaque département occupé par les troupes allemandes aussitôt qu'il sera affiché dans une des localités qui en font partie.

Donné à notre quartier général de St. Avold,
le 13. août 1870.

Guillaume.

Wir **Wilhelm**, König von Preußen, haben beschlossen und beschließen was folgt:

Art. 1. Die Aushebung ist abgeschafft in der ganzen Ausdehnung des französischen, von deutschen Truppen besetzten Territoriums.

Art. 2. Die Agenten der Civilbehörden, welche der in obigem Artikel enthaltenen Bestimmung zuwider handeln, sei es, daß sie die Losung der Ausgehobenen bewirken oder erleichtern, sei es, daß sie dieselben veranlassen, sich ihr zu unterwerfen oder ihnen Stellungs-Ordres übermitteln oder durch irgend ein anderes Mittel, werden ihrer Funktionen enthoben und in Deutschland detenirt werden, bis über ihre in Freiheitsetzung weiter beschlossen sein wird.

Art. 3. Die kommandirenden Generale der verschiedenen deutschen Armee-Corps werden beauftragt, über die Ausführung des gegenwärtigen Dekrets zu wachen, welches Gesetzeskraft erhält für jedes durch die deutschen Truppen besetzte Departement, sobald es in einem der dazu gehörigen Orte bekannt gemacht sein wird.

Gegeben in unserem Hauptquartier von St. Avold, den 13. August 1870.

Wilhelm.

19.

An Ihre Majestät die Königin.

Herny, Montag, 15. August, Morgens 5 Uhr.

Gestern Abend siegreiches Gefecht bei Metz durch Truppen des VII. und I. Armee-Corps. Details fehlen noch. Ich begebe mich sogleich auf das Schlachtfeld.   Wilhelm.

20.

An Ihre Majestät die Königin.

Herny, den 15. August, 7 Uhr 30 Min. Abends.

Um 3 Uhr vom Schlachtfelde von Metz zurück. — Die Avantgarde des VII. Corps griff gestern Abend gegen 5 Uhr den abziehenden Feind an; dieser stellte sich und verstärkte sich zusehends aus der Festung. — Die 13. Division und Theile der 14. unterstützten die Avantgarde, desgleichen Theile des I. Armee-Corps. Ein sehr blutiges Gefecht entspann sich auf der ganzen Linie, der Feind ward auf allen Punkten geworfen und die Verfolgung ging bis vor das Glacis der Außenwerke. — Die Nähe der Festung gestattete dem Feinde vielfach, seine Blessirten zu sichern. Nachdem unsere Blessirten geborgen waren, zogen die Truppen in ihre alten Bivouaks mit Tagesanbruch. — Die Truppen sollen sich alle mit unglaublicher und bewunderungswürdiger Energie und mit Lust geschlagen haben. — Ich habe Viele gesehen und ihnen von Herzen gedankt. — Der Jubel war ergreifend. — Ich sprach mit General Steinmetz, Zastrow, Manteuffel, Göben.

Wilhelm.

21.

An Ihre Majestät die Königin.

Bivouac bei Rezonville, den 18. August, 9 Uhr Abends.

Die französische Armee in sehr starker Stellung westlich von Metz heute unter Meiner Führung angegriffen, in neunstündlicher Schlacht vollständig geschlagen, von ihren Verbindungen mit Paris abgeschnitten und gegen Metz zurückgeworfen.

Wilhelm.

22.

Brief Sr. Majestät des Königs
an Ihre Majestät die Königin vom Schlachtfelde.

Ihre Majestät hat die Veröffentlichung gestattet.

Rezonville, den 19. August 1870.

Das war ein neuer Siegestag gestern, dessen Folgen noch nicht zu ermessen sind.

Gestern früh gingen das 12., Garde- und 9. Corps gegen die nördliche Straße Metz-Verdun bis St. Marcel und Doncourt vor, gefolgt vom 3. und 10. Corps, während das 7. und 8., sodann auch das 2. bei Rezonville gegen Metz stehen blieben.

Als jene Corps rechts schwenkten, in sehr waldigem Terrain, gegen Verneville und St. Privat, begannen diese Corps den Angriff gegen Gravelotte, nicht heftig, um die große Umgehung gegen die starke Position Amanvillers-Chatel bis zur Metzer Chaussee abzuwarten. Diese weite Umgehung trat erst um 4 Uhr in's Gefecht mit dem Pivot-Corps, dem 9ten, um 12 Uhr. Der Feind setzte in den Wäldern heftigen Widerstand entgegen, so daß nur langsam Terrain gewonnen wurde. St. Privat wurde vom Garde-Corps, Verneville vom 9. Corps genommen, das 12. Corps und Artillerie des 3. griffen nun in's Gefecht ein.

Gravelotte wurde von Truppen des 7. und 8. Corps und die Wälder zu beiden Seiten genommen und behauptet, mit großen Verlusten.

Um die durch die Umgehung zurückgedrängten feindlichen Truppen nochmals anzugreifen, wurde ein Vorstoß über Gravelotte bei einbrechender Dunkelheit unternommen, der auf ein so enormes Feuer hinter Schützengräben, en étage und Geschützfeuer stieß, daß das eben eintreffende 2. Corps den Feind mit dem Bajonett angreifen mußte und die feste Position vollständig nahm und behauptete.

Es war 8½ Uhr, als das Feuer auf allen Punkten nach und nach schwieg. Bei jenem letzten Vorstoß fehlten die historischen Granaten von Königgrätz für mich nicht, aus denen mich dieses Mal Minister von Roon entfernte. Alle Truppen, die ich sah, begrüßten mich mit enthusiastischen

Hurrahs. Sie thaten Wunder der Tapferkeit gegen einen gleich braven Feind, der jeden Schritt vertheidigte und oft Offensivstöße unternahm, die jedes Mal zurückgeschlagen wurden.

Was nun das Schicksal des Feindes sein wird, der in dem verschanzten, sehr festen Lager der Festung Metz zusammengedrängt steht, ist noch nicht zu berechnen.

Ich scheue mich, nach den Verlusten zu fragen und Namen zu nennen, da nur zu viele Bekannte genannt werden, oft unverbürgt. Dein Regiment soll sich brillant geschlagen haben, Waldersee ist verwundet, ernst aber nicht tödtlich, wie man sagt. Ich wollte hier bivouakiren, fand aber nach einigen Stunden eine Stube, wo ich auf dem mitgeführten Königlichen Krankenwagen ruhte und, da ich nicht ein Stück meiner Equipage von Pont-à-Mousson bei mir habe, völlig angezogen seit 30 Stunden bin.

Ich danke Gott, daß er uns den Sieg verlieh.

Wilhelm.

Berlin, gedruckt in der Königlichen Geheimen Ober - Hofbuchdruckerei (R v. Decker).

Chronik

des

deutsch-französischen Krieges 1870.

Mit den

Reden, Telegrammen, Handschreiben, Erlassen,
Armee-Befehlen, Proklamationen und Verordnungen
Ihrer Majestäten
des Königs und der Königin von Preußen.

Aus dem Königlich Preußischen Staats-Anzeiger.

2. Lieferung.
Vom 20. August bis 7. September.

Berlin, 1870.
Verlag der Königlichen Geheimen Ober-Hofbuchdruckerei
(R. v. Decker).

Ausgegeben den 4. October 1870.

20. August. An Stelle des erkrankten General-Lieutenants v. Beyer übernimmt General-Lieutenant Frhr. v. La Roche das Kommando der badischen Division.

— Die Königin Augusta spricht Namens Sr. Majestät des Königs der Korporation der Kaufmannschaft zu Berlin für die reichen Erträge der Sammlungen für unsere Armee bei derselben Ihren Dank aus. [1]

21. August. Allerhöchster Erlaß, die Zuweisung der Arrondissements Saarburg, Chateau-Salins, Saargemünd und Thionville an das General-Gouvernement im Elsaß betreffend. [2]

— Glückwunschtelegramm des Königs von Preußen an den König von Sachsen, aus Veranlassung des Sieges bei Gravelotte am 18. August. [3]

— Dankgottesdienst im Dom zu Berlin für die Siege bei Metz, demnächst Viktoriaschießen.

— General-Lieutenant v. Colomier tritt von seinem Kommando bei dem Truppencorps bei Hagenau in sein Verhältniß zum Stabe des Oberkommandos der II. Armee zurück; General-Lieutenant v. Decker wird zum Kommandeur der Belagerungsartillerie bei Straßburg, General-Major z. D. v. Mertens zum Ingenieur en chef für die Belagerung von Straßburg ernannt.

— Gefecht der Korvette »Nymphe« mit französischen Kriegsschiffen in der Putziger Bucht.

— Die französischen Truppen räumen Châlons.

— Der Kaiser Napoleon trifft in Courcelles bei Rheims ein.

— Die letzten Franzosen verlassen Civita vecchia.

22. August. Neutralitätserklärung des Präsidenten der Vereinigten Staaten von Nord-Amerika.

23. August. Königliches Hauptquartier in Commercy.

— Beschießung der Festung Bitsch durch bayerische Artillerie.

— Der Kaiser der Franzosen verläßt Courcelles.

24. August. Königliches Hauptquartier in Bar-le-Duc.

— Die Spitzen der preußischen Truppen zeigen sich bereits jenseits Châlons.

— In der Nacht zum 24. August nimmt badische Infanterie den Bahnhof bei Straßburg in Besitz.

---

[1] Anlage A 1.
[2] Anlage B 1.
[3] Anlage A 2.

24. August. Marschall Mac Mahon erhält den Oberbefehl über das 1. (Mac Mahon), 5. (Failly), 7. (Douay) und 12. (Lebrun) französische Corps.

25. August. Verbot der Ausfuhr und Durchfuhr von Pferden über sämmtliche Grenzen des Vereinsauslandes.

— Die Festung Vitry le François (an der Marne) ergiebt sich den deutschen Truppen.

26. August. Königliches Hauptquartier in Clermont (en Argonne).

— Ernennung des Regierungs-Präsidenten v. Kühlwetter zum Civil-Kommissar im Elsaß.[4]

— Deutsche Truppen besetzen Markolsheim bei Colmar (Departement Oberrhein).

— Die Königin Augusta richtet an den Freiherrn Oskar von Redwitz ein Anerkennungs- und Dankschreiben, bezüglich seiner Dichtung »Dem deutschen Heere.«[5]

27. August. Siegreiches Gefecht sächsischer und preußischer Kavallerie bei Buzancy (2½ Meile südwestlich von Stenay) gegen Kavallerie des Mac Mahonschen Corps.

— Die Festung Longwy (an der belgisch-luxemburgischen Grenze) wird von preußischen Truppen zur Uebergabe aufgefordert.

29. August. Königliches Hauptquartier in Grandpré (Departement Ardennen.)

— Siegreiches Avantgarden-Gefecht des 12. (Königlich sächsischen) Armee-Corps bei Nouart (Departement Ardennen).

— Zwei preußische Husaren-Schwadronen stürmen Boncq (an der Aisne).

— Ein Ausfall der Besatzung von Straßburg wird zurückgeschlagen.

— Proklamationen des General-Gouverneurs in Lothringen, Generals der Infanterie und General-Adjutanten von Bonin, an die Bewohner Lothringens.

30. August. Königliches Hauptquartier in Varennes (Departement Maas).

— Gefecht des preußischen Garde-, des 4., 12. (Königl. sächsischen) und des 1. bayerischen Armee-Corps bei Beaumont gegen die auf der Straße nach Metz marschirende Mac Mahonsche Armee. Die letztere wird mit Verlust von 23 Geschützen, 3000 Gefangenen und eines Lagers theils nach Sedan, theils bei Mouzon nach dem rechten Maasufer gedrängt.[6]

— In der Nacht zum 30. wird bei Schiltigheim die erste Parallele gegen Strasburg eröffnet.

— Proklamation des General-Gouverneurs im Elsaß, General-Lieutenants Grafen v. Bismark-Bohlen, die Einsetzung des aus den Departements des Ober- und Niederrheins, sowie

---

[4] Anlage A 3.
[5] Anlage B 2.
[6] Anlage A 4.

dem aus den Arrondissements Metz, Thionville (Diedenhofen), Saargemünd, Salzburg und Sarrebourg (Kauf-Saarbrück) neugebildeten Moseldepartement bestehenden General-Gouvernements betreffend.

30. August. Proklamation des Civil-Gouverneurs im Elsaß, Regierungs-Präsidenten v. Kühlwetter, an die Bewohner des Elsaß.

— Ende August wird die 18. Division (unter dem Oberbefehl des Großherzogs von Mecklenburg-Schwerin), welche bis dahin zum Schutz der Küsten an der Nord- und Ostsee verwendet war, nach dem Kriegsschauplatz in Frankreich befördert.

31. August. Nach mehreren kleinen Avantgardengefechten überschreiten die bei Beaumont siegreichen deutschen Truppen, zu welchen auch das 5. und 11. preußische Corps gestoßen sind, die Maas und umstellen die nach Sedan abgezogene französische Armee.

31. August und 1. September. In der Schlacht bei Noisseville (Metz) wird ein von der französischen Armee in Metz versuchter Durchbruch von dem General v. Manteuffel mit dem 1. und 9. Armeecorps, der Division v. Kummer und der 28. Infanteriebrigade unter Oberbefehl des Prinzen Friedrich Carl zurückgewiesen.

— Königin Augusta spricht dem Delegirten Bayerns zum Central-Komite der deutschen Hilfsvereine, Freiherrn von Stauffenberg, Regierungs-Präsidenten der Pfalz, unter Uebersendung von 1000 Thalern Ihre warme Theilnahme für die Leiden der Pfalz aus. [7])

1. September. Schlacht bei Sedan. Die Armeen der Kronprinzen von Preußen und Sachsen unter dem Oberbefehl des Königs von Preußen schlagen die Mac Mahonsche Armee gänzlich. 30,000 Franzosen werden gefangen, mehrere Adler und viele Geschütze erobert. Marschall Mac Mahon wird schwer verwundet. Ein Theil der Mac Mahonschen Armee wird über die belgische Grenze gedrängt und streckt dort die Waffen. Der Rest, 14 Infanterie-, 5½ Kavallerie-Divisionen nebst zugehöriger Artillerie und Train, mit mehr als 50 Generalen, unter dem Oberbefehl des Generals v. Wimpffen, beantragt, nachdem am Nachmittag das Bombardement von Sedan begonnen hat, die Kapitulation. Der Kaiser Napoleon, welcher sich ebenfalls in Sedan befindet, sendet dem König von Preußen ein Schreiben, in welchem er sich erbietet, dem Könige seinen Degen zu überreichen. Die Verhandlungen über die Kapitulation werden eröffnet und deutscher Seits durch den General Frhrn. v. Moltke unter Beirath des Bundeskanzlers Grafen v. Bismarck geführt. [8])

2. September. Die Kapitulation von Sedan wird mit dem General v. Wimpffen Mittags abgeschlossen. Die ganze

---

[7]) Anlage B 3.
[8]) Anlage A 5.

französische Armee in Sedan, 83,000 Mann incl. 4000 Offiziere, 14,000 Verwundete, mit über 400 Feldgeschützen incl. 70 Mitrailleusen, 150 Festungsgeschützen, 10,000 Pferden und überaus zahlreichem Armeematerial, ergiebt sich kriegsgefangen.[9]

— Begegnung des Königs von Preußen mit dem Kaiser Napoleon in dem Schlößchen Bellevue bei Frénois. Dem Kaiser wird Wilhelmshöhe bei Cassel zum Aufenthalt gegeben. Nachmittags beritt der König die Armee um Sedan, welche ihn mit unbeschreiblichem Jubel empfängt.[10]

— Bericht des Bundeskanzlers Grafen von Bismarck über seine Begegnung mit dem Kaiser Napoleon.

— Prinz Georg von Sachsen, Oberbefehlshaber des 12. (Königl. sächsischen) Armee-Corps, erläßt einen Tagesbefehl, in welchem das rühmliche Verhalten des Corps in der Schlacht bei Sedan gelobt wird.

— Ein Ausfall der Straßburger Besatzung wird zurückgeschlagen.

— Die Königin Augusta dankt in einem Schreiben an den Norddeutschen Bundeskonsul Legations-Rath Dr. von Bojanowski den deutschen Landsleuten zu St. Petersburg für ihre Unterstützung des Augusta-Hospitals.[11]

3. September. Brief des Königs von Preußen an die Königin über die Schlacht und die Kapitulation von Sedan.[12]

— Die deutschen Truppen, welche bei Sedan gekämpft haben, treten den Marsch auf Paris an.

4. September. In den Kirchen Berlins wird zur Feier der Siege von Sedan Tedeum gesungen, während dessen vor dem Dome die Salutschüsse abgefeuert werden. Die Königin empfängt mit anderen zahlreichen Glückwünschen auch diejenigen der Armee, vertreten durch die Generalität unter Führung des General-Feldmarschalls Grafen von Wrangel.

— Proklamation des Civil-Kommissars von Lothringen, Marquis von Villers, an die Bewohner Lothringens.

— Der Kaiser Napoleon trifft, von preußischen und belgischen Offizieren und seinem Gefolge begleitet, in Verviers ein.

— In der Nacht zum 4. September macht Marschall Palikao dem gesetzgebenden Körper in Paris die Mittheilung, daß die Armee in Sedan kapitulirt habe und der Kaiser gefangen sei. Er bittet, die Diskussion bis zum 5. zu verschieben. Jules Favre stellt den Antrag, den Kaiser und dessen Dynastie der verfassungsmäßigen Rechte für verlustig zu erklären und aus dem gesetzgebenden Körper eine Kommission zu ernennen, welche die Befugnisse der Regierung ausübe und die Mission habe, den Feind aus dem Lande zu treiben, auch den General Trochu als General-Gouverneur von Paris zu bestätigen. Der gesetzgebende Körper beschließt, am Mittag wieder zusammenzutreten.

---

[9] Anlage A 6.
[10] Anlage A 7.
[11] Anlage B 4.
[12] Anlage A 8.

4. September. Eine Proklamation der französischen Minister im »Journal officiel« bringt die Kapitulation von Sedan und die Gefangennahme des Kaisers zur Kenntniß des französischen Volkes, welches zur Energie ermahnt wird. Die Minister versprechen, alle Maßregeln zu treffen, welche der Ernst der Ereignisse mit sich bringt.

— In der Mittag-Sitzung des gesetzgebenden Körpers zu Paris bringt Palikao einen Gesetzentwurf, betreffend die Bildung eines Konseils, Thiers einen Antrag auf Einsetzung einer Kommission für Regierung und Landesvertheidigung ein. Während die Deputirten in den Bureaux berathen, dringen in den Saal Volksmassen ein, welche die Absetzung der Dynastie und die Proklamirung der Republik verlangen. Die Ruhe ist nicht wiederherzustellen. Die meisten Deputirten verlassen den Saal. Die Linke erklärt hierauf den Kaiser für abgesetzt. Gambetta und andere Mitglieder der Linken begeben sich nach dem Hotel de Ville und proklamiren die Republik. Etwa 200 Deputirte versammeln sich Abends in den Präsidialgemächern, um über einen Protest gegen diesen Gewaltakt zu berathen, fassen aber keinen Beschluß. Ein Versuch, in dem Saale des gesetzgebenden Körpers in der Nacht eine Sitzung abzuhalten, wird durch die provisorische Regierung verhindert.

5. September. Einzug des Königs von Preußen in Rheims.

— Proklamation des General-Gouverneurs in Lothringen, die Suspension der nach der französischen Verfassung zu erhebenden Steuern und die Einführung einer direkten Steuer betreffend.

— Montmédy wird von deutschen Truppen beschossen.

— Das »Journal officiel de la republique française« veröffentlicht einen Aufruf, in welchem die Proklamirung der Republik bekannt gemacht wird. Das Ministerium der neugebildeten »Regierung der nationalen Vertheidigung«, zu welcher die Deputirten von Paris, mit Ausnahme von Thiers, zusammengetreten sind, ist gebildet durch Trochu, Präsident, zugleich bekleidet mit militärischen Vollmachten für die Nationalvertheidigung, Favre Auswärtiges, Gambetta Inneres, Leflô Krieg, Fourichon Marine, Crémieux Justiz, Simon Unterricht und Kultus, Dorian öffentliche Arbeiten, Magnin Ackerbau, Picard Finanzen. Die neue Regierung löst den gesetzgebenden Körper auf und schafft den Senat ab.

Auch in Lyon, Bordeaux, Grenoble und anderen großen Städten Frankreichs wird die Republik proklamirt.

— Der Kaiser Napoleon passirt Nachmittags Cöln und und trifft Abends in Wilhelmshöhe ein.

— Ein Erlaß des Polizei-Präfekten von Paris verfügt im Auftrage des dortigen Gouverneurs, daß jedes Individuum, welches den mit Frankreich kriegführenden Staaten angehört und nicht mit einer besonderen Bewilligung versehen ist, angehalten werde, die Departements der Seine und Seine — Oise binnen 24 Stunden bei Vermeidung kriegsrechtlicher Bestrafung zu verlassen habe.

6. September. Cirkular-Depesche des Ministers der provisorischen Regierung J. Favre, Inhalts welcher die neue französische Regierung entschlossen sei, keinen Fuß breit Landes, auch keinen Stein der französischen Festungen abzutreten.

— Der Kaiserliche Prinz schifft sich in Ostende nach England ein.

— Aufruf des Kronprinzen von Preußen, eine Invalidenstiftung für Deutschland zu begründen.

7. September. Beginn des Bombardements von Schlettstadt.

— Der Kaiserliche Prinz trifft in England (Hastings) ein.

Anlagen.

A.

1.

Auf Ihren Vortrag bestimme Ich hierdurch, daß die Arrondissements Saarburg, Chateau-Salins, Saargemünd, Metz und Thionville von den Verwaltungsbezirken des General-Gouvernements in Lothringen getrennt und dem General-Gouvernement im Elsaß zugewiesen werden. Sie haben hiernach in Gemeinschaft mit dem Kriegs-Ministerium die beiden General-Gouvernements zu instruiren.

Pont-à-Mousson, den 21. August 1870.

Wilhelm.

An den Kanzler des Norddeutschen Bundes.

2.

Pont-à-Mousson, Sonntag, 21. August.

Sr. Majestät dem König von Sachsen.

Nachdem Ich nun den ganzen Umfang, den Deine Truppen an dem Siege vom 18. August genommen haben, übersehen kann, muß Ich Dir zu diesem Erfolge Meinen Glückwunsch aussprechen. Freilich ist der Verlust sehr bedeutend.

Wilhelm.

3.

Auf Ihren Antrag vom 25. d. Mts. will Ich den Regierungs-Präsidenten von Kühlwetter zu Meinem Civil-Kommissär
im Elsaß ernennen, dessen Stellung durch Meine Instruktion
für die General-Gouverneure vom 21. d. Mts. und durch die
anbei zurückgehende Instruktion für den Civil-Kommissär beim
General-Gouvernement okkupirter feindlicher Landestheile, geregelt wird.

Sie haben hiernach das Weitere zu veranlassen.

Bar-le-Duc, den 26. August 1870.

Wilhelm.

An den Bundeskanzler und den Kriegs-Minister.

4.

An Ihre Majestät die Königin.

Varennes, Dienstag, 30. August [1]), Nachmittags ¾4 Uhr.
Wir hatten gestern (Montag) [2]) ein siegreiches Gefecht durch
das IV., XII. (sächsische) und ein bayerisches Corps; Mac Mahon
wurde geschlagen und von Beaumont bis über die Maas bei
Mouzon zurückgedrängt; 12 Geschütze, einige Tausend Gefangene
und sehr viel Material in unseren Händen. Verluste mäßig.
Ich kehre soeben auf das Schlachtfeld zurück, um die Früchte
des Sieges zu verfolgen. Möge Gott uns ferner gnädig helfen
wie bisher!

Wilhelm.

5.

An Ihre Majestät die Königin Augusta
in Berlin.

Auf dem Schlachtfelde von Sedan — den 1. September
— 3¼ Uhr Nachmittags.

Seit ½8 Uhr siegreich fortschreitende Schlacht rund um
Sedan — Garde, IV., V., XI., XII. Corps und Bayern —
Feind fast ganz in die Stadt zurückgeworfen.

Wilhelm.

---

[1]) Muß Mittwoch, 31. August heißen.
[2]) Muß Dienstag heißen.

6.

An Ihre Majestät die Königin Augusta in Berlin.

Vor Sedan, 2. September, ½2 Uhr Nachmittags. Die Kapitulation, wodurch die ganze Armee in Sedan kriegsgefangen ist, ist soeben mit dem General Wimpffen geschlossen, der an Stelle des verwundeten Marschalls Mac Mahon das Kommando führte. Der Kaiser hat nur sich selbst Mir ergeben, da er das Kommando nicht führt und Alles der Regentschaft in Paris überläßt. Seinen Aufenthaltsort werde Ich bestimmen, nachdem Ich ihn gesprochen habe in einem Rendezvous, das sofort stattfindet. Welch eine Wendung durch Gottes Führung!

Wilhelm.

7.

Telegramm.

Der Königin Augusta in Berlin.

Varennes, den 4. September, 8 Uhr Vormittags.

Welch ein ergreifender Augenblick, der der Begegnung mit Napoleon! Er war gebeugt, aber würdig in seiner Haltung und ergeben. Ich habe ihm Wilhelmshöhe bei Cassel zum Aufenthalt gegeben. Unsere Begegnung fand in einem kleinen Schlößchen vor dem westlichen Glacis von Sedan statt. Von dort beritt ich die Armee um Sedan. Den Empfang durch die Truppen kannst Du Dir denken! Unbeschreiblich! Beim Einbrechen der Dunkelheit ½8 Uhr hatte ich den fünfstündigen Ritt beendigt, kehrte aber erst um 1 Uhr hierher zurück. — Gott helfe weiter!

Wilhelm.

8.

Der Königin Augusta in Berlin.

Vendresse, südl. Sedan, 3. September 1870.

Du kennst nun durch meine drei Telegramme den ganzen Umfang des großen geschichtlichen Ereignisses, das sich zugetragen hat! Es ist wie ein Traum, selbst wenn man es Stunde für Stunde hat abrollen sehen!

Wenn ich mir denke, daß nach einem großen glücklichen Kriege ich während meiner Regierung nichts Ruhmreicheres mehr erwarten konnte und ich nun diesen weltgeschichtlichen Akt erfolgt sehe, so beuge ich mich vor Gott, der allein mich, mein Heer und meine Mitverbündeten ausersehen hat, das Geschehene zu vollbringen, und uns zu Werkzeugen Seines Willens bestellt hat. Nur in diesem Sinne vermag ich das Werk aufzufassen, um in Demuth Gottes Führung und Seine Gnade zu preisen.

Nun folge ein Bild der Schlacht und deren Folgen in gedrängter Kürze.

Die Armee war am Abend des 31sten und am 1sten früh in den vorgeschriebenen Stellungen angelangt, rund um Sedan. Die Bayern hatten den linken Flügel bei Bazeilles an der Maas, daneben die Sachsen gegen Moncelle und Daigny, die Garde gegen Givonne noch im Anmarsch, das 5. und 11. Corps gegen St. Menges und Fleigneux; da hier die Maas einen scharfen Bogen macht, so war von St. Menges bis Doncherh kein Corps aufgestellt, in diesem Orte aber Württemberger, die zugleich den Rücken gegen Ausfälle von Mezières deckten. Kavallerie-Division Graf Stolberg in der Ebene von Doncherh als rechter Flügel. In der Front gegen Sedan der Rest der Bayern.

Der Kampf begann trotz dichten Nebels bei Bazeille schon früh am Morgen, und es entspann sich nach und nach ein sehr heftiges Gefecht, wobei Haus für Haus genommen werden mußte, was fast den ganzen Tag dauerte, und in welches die Erfurter Division Schöler (aus der Reserve, 4. Corps) eingreifen mußte. Als ich um 8 Uhr auf der Front vor Sedan eintraf, begann die große Batterie gerade ihr Feuer gegen die Festungswerke. Auf allen Punkten entspann sich nun ein gewaltiger Geschützkampf, der stundenlang währte, und während dessen von unserer Seite nach und nach Terrain gewonnen wurde. Die genannten Dörfer wurden genommen.

Sehr tief eingeschnittene Schluchten mit Wäldern erschwerten das Vordringen der Infanterie und begünstigten die Vertheidigung. Die Dörfer Illy und Floing wurden genommen, und zog sich allmählich der Feuerkreis immer enger um Sedan zusammen. Es war ein grandioser Anblick von unserer Stellung auf einer dominirenden Höhe hinter jener genannten Batterie, rechts vom Dorfe Frénois vorwärts, oberhalb Pt. Toreh. Der heftige Widerstand des Feindes fing allmählich an nachzulassen, was wir an den aufgelösten Bataillonen erkennen konnten, die eiligst aus den Wäldern und Dörfern zurückliefen. Die Kavallerie suchte einige Bataillone unseres 5. Corps anzugreifen; die vortreffliche Haltung bewahrten; die Kavallerie jagte durch die Bataillons-Intervallen durch, kehrte dann um und auf demselben Wege zurück, was sich dreimal von verschiedenen Regimentern wiederholte, so daß das Feld mit Leichen und Pferden besäet war, was wir Alles von unserem Standpunkte genau mit ansehen konnten. Ich habe die Nummer dieses braven Regimentes noch nicht erfahren können.

Da sich der Rückzug des Feindes auf vielen Stellen in

Flucht auflöste und Alles, Infanterie, Kavallerie und Artillerie in die Stadt und nächste Umgebungen sich zusammendrängte, aber noch immer keine Andeutung sich zeigte, daß der Feind sich durch Kapitulation aus dieser verzweifelten Lage zu ziehen beabsichtige, so blieb nichts übrig, als durch die genannte Batterie die Stadt bombardiren zu lassen; da es nach 20 Minuten ungefähr an mehreren Stellen bereits brannte, was mit den vielen brennenden Dörfern in dem ganzen Schlachtkreise einen erschütternden Eindruck machte — so ließ ich das Feuer schweigen und sendete den Oberst-Lieutenant v. Bronsart vom Generalstabe als Parlamentär mit weißer Fahne ab, der Armee und Festung die Kapitulation antragend. Ihm begegnete bereits ein bayerischer Offizier, der mir meldete, daß ein französischer Parlamentär mit weißer Fahne am Thore sich gemeldet habe. Der Oberst-Lieutenant von Bronsart wurde eingelassen und auf seine Frage nach dem General en chef ward er unerwartet vor den Kaiser geführt, der ihm sofort einen Brief an mich übergeben wollte. Da der Kaiser fragte, was für Aufträge er habe, und zur Antwort erhielt: »Armee und Festung zur Uebergabe aufzufordern«, erwiderte er, daß er sich dieserhalb an den General v. Wimpffen zu wenden habe, der für den blessirten Mac Mahon soeben das Kommando übernommen habe, und daß er nunmehr seinen General-Adjutanten Reille mit dem Briefe an mich absenden werde. Es war 7 Uhr, als Reille und Bronsart zu mir kamen; letzterer kam etwas voraus, und durch ihn erfuhren wir erst mit Bestimmtheit, daß der Kaiser anwesend sei. Du kannst Dir den Eindruck denken, den es auf mich vor Allem und auf Alle machte! Reille sprang vom Pferde und übergab mir den Brief seines Kaisers, hinzufügend, daß er sonst keine Aufträge habe. Noch ehe ich den Brief öffnete, sagte ich ihm: »Aber ich verlange als erste Bedingung, daß die Armee die Waffen niederlege.« Der Brief fängt so an: »N'ayant pas pu mourir à la tête de mes troupes, je dépose mon épée à Votre Majesté«, Alles Weitere mir anheimstellend.

Meine Antwort war, daß ich die Art unserer Begegnung beklage und um Sendung eines Bevollmächtigten ersuche, mit dem die Kapitulation abzuschließen sei. Nachdem ich dem General Reille den Brief übergeben hatte, sprach ich einige Worte mit ihm als altem Bekannten, und so endigte dieser Akt. — Ich bevollmächtigte Moltke zum Unterhändler und gab Bismarck auf, zurück zu bleiben, falls politische Fragen zur Sprache kämen; ritt dann zu meinem Wagen, und fuhr hierher, auf der Straße überall von stürmischen Hurrahs der heranziehenden Trains begrüßt, die überall die Volkshymne anstimmten. Es war ergreifend! Alles hatte Lichter angezündet, so daß man zeitweise in einer improvisirten Illumination fuhr. Um 11 Uhr war ich hier und trank mit meiner Umgebung auf das Wohl der Armee, die solches Ereigniß erkämpfte.

Da ich am Morgen des 2. noch keine Meldung von Moltke über die Kapitulationsverhandlungen erhalten hatte, die in Donchery stattfinden sollten, so fuhr ich verabredetermaßen nach dem Schlachtfeld um 8 Uhr früh und begegnete Moltke, der mir entgegen kam, um meine Einwilligung zur vorgeschlagenen Kapitulation zu erhalten, und mir zugleich anzeigte, daß der Kaiser früh 5 Uhr Sedan verlassen habe und auch nach Donchery gekommen sei. Da derselbe mich zu sprechen wünschte, und sich in der Nähe ein Schlößchen mit Park befand, so wählte ich dies zur Begegnung. Um 10 Uhr kam ich auf der Höhe vor Sedan an; um 12 Uhr erschienen Moltke und Bismarck mit der vollzogenen Kapitulations-Urkunde; um 1 Uhr setzte ich mich mit Fritz in Bewegung, von der Kavallerie-Stabswache begleitet. Ich stieg vor dem Schlößchen ab, wo der Kaiser mir entgegen kam. Der Besuch währte eine Viertelstunde; wir waren Beide sehr bewegt über dieses Wiedersehen. Was ich Alles empfand, nachdem ich noch vor 3 Jahren Napoleon auf dem Gipfel seiner Macht gesehen hatte, kann ich nicht beschreiben.

Nach dieser Begegnung beritt ich von ½3 bis ½8 Uhr die ganze Armee vor Sedan.

Der Empfang der Truppen, das Wiedersehen des dezimirten Garde-Corps, das Alles kann ich Dir heute nicht beschreiben; ich war tief ergriffen von so vielen Beweisen der Liebe und Hingebung.

Nun lebe wohl mit bewegtem Herzen am Schlusse eines solchen Briefes!

Wilhelm.

B.

1.

Berlin, den 20. August 1870.

»Se. Majestät der König haben mit großer Befriedigung von dem reichen Ertrage Kenntniß genommen, den die Sammlungen für unsere Armee bei der Berliner Kaufmannschaft ergeben haben, und beauftragt Mich, dieser Korporation Seine warme Anerkennung für diesen neuen Beweis ihrer Opferfreudigkeit auszusprechen, die sich nie verleugnet, wenn es gilt, ein gemeinnütziges oder patriotisches Werk zu fördern.

Augusta.

An den Präsidenten des Aeltesten-Kollegiums der Berliner Kaufmannschaft, Geheimen KommerzienRath Conrad hierselbst.«

2.

Berlin, den 26. August 1870.

»Wohl kann man dem Dichter Glück wünschen, der seine Sprache der Verherrlichung einer Zeit zu leihen weiß, in der unser Volk mit seinen edelsten Eigenschaften hervortritt, in der es frommen und reinen Sinnes, aber mit voller Entschlossenheit in den Kampf zieht, um seine höchsten Güter zu vertheidigen und für die Zukunft sicherzustellen. Diese Verbindung von Tapferkeit und Innigkeit, die gegenwärtig Deutschland durchglüht, ist ganz anderer Art, als das Gefühl der Eifersucht und des Ehrgeizes, das, vom Frevelmuth Einzelner entzündet, unsere Feinde verblendet. Nur diese Begeisterung vermag es, die Thränen der Mütter zu trocknen und die furchtbaren Opfer zu ertragen, welche der Krieg fordert. Ich lege besonderen Werth darauf, in dieser großen Zeit mit einem Mann in Verbindung zu treten, der sich unter den deutschen Dichtern ehrenvoll bewährt, und nehme daher Ihre Gabe im Namen unserer tapfern Krieger, denen sie zu gute kommen soll, mit innigem Dank entgegen.

Augusta.«

An Herrn Oscar Freiherrn v. Redwitz.

3.

Berlin, den 31. August 1870.

»Die schweren Opfer, welche der Krieg den Bewohnern der Rheinpfalz auferlegt hat, haben Meine ganze Theilnahme erregt und um so mehr, da Ich das schöne Land kenne und liebe, und sich an Meinen dortigen Aufenthalt die angenehmsten Erinnerungen knüpfen. Ich habe daher den Beschluß der Vertreter von Berlin, zur Unterstützung dieser hart getroffenen Landstriche sich mit den übrigen Städten Norddeutschlands zu verbinden, mit Freuden begrüßt, möchte aber auch persönlich ein Zeichen Meines Mitgefühls an den Leiden unserer süddeutschen Brüder geben, und ersuche Sie, die beifolgende Summe von Eintausend Thalern dem Hilfs-Komite zuzustellen. Möge der schöne Wahlspruch »Fröhlich Pfalz, Gott erhalts« recht bald wieder Wahrheit werden.

Augusta.«

An Herrn Frhrn. v. Stauffenberg, k. b. Regierungspräsidenten der Pfalz, Delegirten des Central-Com. der Hilfsvereine, zu Speier.

4.

Berlin, den 2. September 1870.

»Ich bitte Sie, unseren deutschen Landsleuten in St. Petersburg, die zu der reichen Gabe für das Augusta-Hospital beigesteuert haben, sowohl in meinem Namen, wie im Namen der Verwundeten, die in demselben verpflegt werden, den besten Dank auszusprechen. — Es ist wahrhaft erhebend, wie die Liebe für das gemeinsame Vaterland auch in weiter Ferne fortlebt und alle Deutschen zu Einer Familie vereinigt.

Augusta.«

An Herrn Legationsrath Dr. v. Bojanowski, Norddeutschen Bundesconsul zu St. Petersburg.

Berlin, gedruckt in der Königlichen Geheimen Ober- Hofbuchdruckerei (R. v. Decker)

Chronik

des

deutsch-französischen Krieges 1870.

Mit den
Reden, Telegrammen, Handschreiben, Erlassen,
Armee-Befehlen, Proklamationen und Verordnungen
Ihrer Majestäten
des Königs und der Königin von Preußen.

Aus dem Königlich Preußischen Staats-Anzeiger.

3. Lieferung.
Vom 8. September bis 6. November 1870.

Berlin, 1871.
Verlag der Königlichen Geheimen Ober-Hofbuchdruckerei
(R. v. Decker).

12. September. Der General der Infanterie von Steinmetz wird unter Ernennung zum General-Gouverneur in
Posen (Bereich des 5. und 6. Armee-Corps) von dem Ober-
Kommando der I. Armee entbunden, dessen Geschäfte einstweilen dem Prinzen Friedrich Carl von Preußen übertragen
werden.

— Allerhöchster Präsidialerlaß, durch welchen die sofortige
definitive Organisirung des Postwesens im Verwaltungsbereich
der General-Gouvernements Elsaß und Deutsch-Lothringen und
die Einrichtung zweier Ober-Postdirektionen daselbst, ferner die
provisorische Administration des Postwesens in den übrigen
okkupirten französischen Gebietstheilen angeordnet wird.[1]

— Der Herzog von Braunschweig erweitert die Statuten
des Ordens Heinrichs des Löwen für die im Felde verdienten
Decorationen.

— Verordnung des General-Gouverneurs im Elsaß, betreffend die Competenz der Kriegsgerichte und die Giltigkeit der
Kriegsartikel.[2]

— General-Lieutenant v. Löwenfeld wird zum Inspecteur
der beiden Reserve-Corps bei Berlin und Glogau ernannt.

— Erlaß des Civilkommissarius im Elsaß Regierungs-
Präsidenten von Kühlwetter, betreffend die Kirchen und Schulen
im Elsaß.[3]

— Desselben Erlaß wegen der Amtlichen Nachrichten für
das General-Gouvernement Elsaß.

— Generalbericht des Königlichen Kommissarius und Mi-
litär-Inspectors für die freiwillige Krankenpflege Fürsten von
Pleß über die Leistungen in seinem Ressort bis 1. September.

13. September. Telegramm des Königs von Preußen an
den Senat von Bremen.[4]

— Der Großherzog von Mecklenburg-Schwerin, Commandeur des 13. Corps, befiehlt die Schonung der Weingärten und
Weinernten in der Champagne.

— Cirkular-Erlaß des Grafen von Bismarck (d. d. Rheims)
an die norddeutschen Vertreter bei mehreren neutralen Regierungen, die deutscherseits zu stellenden Friedensbedingungen betreffend.[5]

— Crémieux, von der Regierung der nationalen Vertheidigung beauftragt, die Regierung der nicht von deutschen
Truppen besetzten französischen Departements zu leiten, erläßt
von Tours aus einen Aufruf an die Franzosen.

— Deutsche Truppen in Nogent, Chauny, Vaucouleurs
und Provins. Die Franzosen sprengen die Brücke von Corbeil.

---

[1] Anlage 2.
[2] Anlage 4.
[3] Anlage 3.
[4] Anlage 5.
[5] Anlage 6.

13. September. Des englischen Minister Grafen Granville
Note an Graf Bernstorff, daß die Ausfuhr von Waffen, Munition und Kohlen aus England nach Frankreich die Neutralität nicht verletze.

14. September. Königliches Hauptquartier in Château-
Thierry.

— Antwort des Königs auf die Adresse der berliner Kom-
munalbehörden vom 14. September.[1])

— In der Nacht zum 14. wird vor Straßburg die dritte
Parallele vollendet.

— Vor Bülk (Kiel) sind wieder 13 französische Kriegsschiffe
in Sicht.

15. September. Königliches Hauptquartier in Meaux.

— Der württembergische Kriegsminister von Suckow über-
bringt in das Hauptquartier des Königs von Preußen ein
Handschreiben nebst dem Großkreuz des Militärverdienstordens
mit dem Wunsche, daß dieses höchste militairische Ehrenzeichen
Württembergs zuerst von dem heldenmüthigen Oberbefehlshaber
des deutschen Heeres getragen werde.

— Der Oberst und Commandeur des Brandenburgischen
Festungs-Artillerie-Regiments Nr. 3 (General-Feldzeugmeister)
Bartsch wird zum Commandeur der Belagerungsartillerie vor
Toul ernannt.

— General von Steinmetz nimmt in einem Armeebefehl
von der I. Armee Abschied.

— Glaciskrönung des Werks 53 von Straßburg durch die
Belagerer.

— Eine fliegende Kolonne unter General v. Keller besetzt
Colmar.

— Note des englischen Ministers des Auswärtigen, Grafen
Granville, worin derselbe die angeblich durch Graf Bernstorff
geforderte Haltung einer Deutschland wohlwollenden Neutralität ablehnt.

16. September. Allerhöchster Erlaß, durch welchen die von
den deutschen Armeen okkupirten Bezirke, welche den General-
Gouvernements im Elsaß und in Lothringen nicht zugewiesen sind,
unter die Verwaltung eines »General-Gouvernements zu
Rheims« gestellt werden, und durch welchen der kommandirende
General des 13. Armee-Corps, Großherzog von Mecklenburg-
Schwerin, zum General-Gouverneur zu Rheims ernannt wird.[2])

— Cirkular-Erlaß des Grafen von Bismarck (d. d. Meaux)
an die norddeutschen Vertreter bei mehreren neutralen Regierungen, die von den zeitigen Machthabern in Frankreich
genährte Hoffnung auf eine diplomatische oder materielle Intervention der neutralen Mächte zu Gunsten Frankreichs, ferner
einen Waffenstillstand und die Friedensbedingungen betreffend.[3])

---

[1]) Anlage 7.
[2]) Anlage 8.
[3]) Anlage 9.

16. September. Mühlhausen im Elſaß wird von Truppen des Generals von Keller beſetzt.

— Der Geſandtſchaft der Vereinigten Staaten in Berlin geht die Benachrichtigung zu, daß die Blokade der Elbe und Weſer aufgehoben iſt. Auch die Oſtſeeblokade iſt aufgehoben.

— Adreſſe der zu Louisville (Kentucky) tagenden central-deutſchen Konferenz der biſchöflichen Methodiſtenkirche in den Vereinigten Staaten von Nordamerika an den König von Preußen.

17. September. König Ludwig II. von Bayern dankt dem Comité zur Bewirthung bayeriſcher Krieger in Berlin, Linden-ſtraße 54, für gute Aufnahme ſeiner Mannſchaften und für das Telegramm des Comité's.

— Erwiederungsſchreiben des Großherzogs von Baden auf eine Adreſſe, in welcher die Handelskammer zu Breslau ihm unterm 6. September ihre Glückwünſche zu dem Antheil der badiſchen Truppen an den ruhmreichen Erfolgen der deutſchen Heere dargebracht hatte.

— Der Großherzog von Baden beantwortet die Adreſſe der Bürger von Pforzheim und dankt für die von ihnen durch Gründung eines Invalidenfonds getroffene Vorſorge für ver-unglückte Krieger und die Hinterbliebenen der Gefallenen.

— Gefecht bei Brevannes, unweit Paris. Die Deutſchen gehen bei Athismont mit 50 Geſchützen über die Seine.[1]

— Rundſchreiben des Miniſters der proviſoriſchen fran-zöſiſchen Regierung Jules Favre an die franzöſiſchen Geſandten, die Legitimation der Regierung und die Friedensverhandlungen betreffend.

— Die urſprünglich auf den 16. Oktober feſtgeſetzten Wahlen für die konſtituirende Verſammlung in Frankreich werden auf den 2. Oktober anberaumt.

18. September. Königliches Hauptquartier in Ferrières (und Lagny).

— Die Königin Auguſta drückt dem großherzogl. ſächſiſchen Miniſterium unter Hervorhebung der großen Verdienſte des am 15. September verſtorbenen Miniſters von Watzdorf um ihr Haus und das Land, ihre Theilnahme über dieſen Todes-fall aus.

— Der König von Württemberg ändert die Statuten des Ordens der Württembergiſchen Krone und des Friedrichsordens durch Einführung der für militäriſche Verdienſte geſchaffenen Dekorationen.

— Gefecht bei Bicêtre, ſüdlich Paris.[2]

— Die Bayern unter General v. Hartmann behaupten Bourg.

— In Verſailles 2000 Mobilgarden gefangen. Sèvres von den Deutſchen beſetzt.

---

[1] Anlage 10.
[2] Anlage 10.

18. September. In Lothringen wird zur Aburtheilung über Verbrechen, Vergehen und Uebertretungen, die gegen Angehörige der deutschen Armee begangen werden und nicht zur Kompetenz der Kriegsgerichte gehören, ein Spezialgerichtshof eingesetzt.

— Adresse der Stadt München und anderer Gemeinde-Korporationen Bayerns an ihren König Ludwig II. wegen endlicher verfassungsmäßiger Einigung Nord- und Süddeutschlands.

— Der österreichische und der englische Botschafter und der amerikanische Geschäftsträger übersiedeln von Paris nach Tours.

19. September. Paris wird durch den Vormarsch sämmtlicher um die Stadt versammelten deutschen Truppen vollständig cernirt. Die Position bei Pierrefitte nördlich St. Dénis wird von den Franzosen beim Erscheinen der deutschen Truppen verlassen. Bei Sceaux trifft das zweite bayerische Corps, nachdem es bei Villeneuve St. George die Seine überschritten, bei Villejuif und Montrouge auf 4 Divisionen unter General Ducrot, welche mit Unterstützung vom 5. und 6. preußischen Armee-Corps, unter dem Oberbefehl des Kronprinzen von Preußen, bis hinter die südlichen Forts von Paris zurückgetrieben werden und 1000 Gefangene, sowie eine Schanze mit 7 Geschützen verlieren.[1]) Der König von Preußen rekognoszirt die Forts nordöstlich von Paris. — Die III. Armee hält die Linie Bougival-Sèvres - Meudon - Bourg - l'Hay - Chevilly - Thiais-Choisy-le-Roi - Bonneuil.

19. und 20. September. Besprechung über einen Waffenstillstand zwischen dem Grafen v. Bismarck und dem Minister der Regierung der Nationalvertheidigung, Jules Favre, zu Ferrières.

20. September. Vor Straßburg wird Lünette 53 durch überraschenden Angriff vom Lieutenant v. Müller (Garde-Füsilier-Regiment) mit Mannschaften des Garde-Landwehr-Bataillons (Cottbus) genommen.[2])

— König Ludwig II. von Bayern dankt der Stadt Schwerin für freundliche Aufnahme seiner Mannschaften und für ihre Glückwünsche.

— Der General-Major von der Armee von Schmeling wird zum Commandeur der (neugebildeten) 4. Reserve-Division ernannt.

— Herzog Georg von Sachsen-Meiningen gründet für die Krieger von 1870 und ihre Familien aus dem Meininger Lande einen Invalidenfond, welcher mit der Herzog Georgs-Stiftung verbunden wird.

21. September. Erlaß des Civil-Kommissars im Elsaß, Regierungs-Präsidenten v. Kühlwetter, die Behandlung der Schulangelegenheiten in den bereits okkupirten Theilen des Elsaß einschließlich Deutsch-Lothringen betreffend.

---

[1]) Anlagen 11 und 15.
[2]) Anlage 12.

21. September. Die deutschen Vorposten besetzen das Schloß St. Cloud.

— Abends 11 Uhr wird bei Straßburg Lünette 52 von dem 34. Regiment und einer Compagnie Garde-Landwehr (Lissa) genommen. [1]

— Verordnung, betreffend die Aufhebung des unterm 20. Juli d. J. erlassenen Verbotes der Ausfuhr und Durchfuhr von Getreide u. s. w. über die Grenzen von Nordhorn bis Saarbrücken.

— Bericht des Herrn Jules Favre an die Regierung der Nationalvertheidigung über seine Unterhandlungen mit dem Grafen von Bismarck in Ferrières.

— Straßenkämpfe in Paris.

22.—23. September. Ausfall der Garnison Metz bei Peltre.

23. September. Nach achtstündiger Beschießung ergiebt sich die Festung Toul dem Großherzog von Mecklenburg-Schwerin auf Grund der Bedingungen von Sedan. 2240 Mann, 109 Offiziere gefangen; 120 Pferde, 197 Bronze-geschütze (48 gezogene), 3000 Gewehre, 3000 Säbel, 500 Kürasse und viele Mundvorräthe erbeutet. [2]

— Auch aus dem südlichen Frankreich wird die Ausweisung aller Deutschen durch die republikanischen Behörden gemeldet.

— Eröffnung der am 12. August begonnenen Eisenbahnstrecke Remilly Pont-à-Mousson.

24. September. Proklamation der zu Tours befindlichen Abtheilung der französischen Regierung der Nationalvertheidigung, daß Frankreich auf die Friedens- und Waffenstillstandsbedingungen Preußens durch Fortsetzung des Kampfes bis zum Aeußersten antworte.

25. September. Die Munizipalwahlen und die Wahlen für die konstituirende Versammlung werden vertagt.

26. September. Revue der in und bei Versailles liegenden Truppen durch den Kronprinzen von Preußen, der den Truppen die von dem Könige bewilligten Orden des Eisernen Kreuzes vertheilt.

— Oberst v. Rieff, Präses der Artillerie-Prüfungs-Kommission, wird zum Commandeur der Belagerungs-Artillerie vor Paris ernannt.

— Korrespondenz des Bundeskanzlers Grafen Bismarck mit Jules Favre wegen geforderter Durchlassung der Couriere einiger neutralen Mächte mit verschlossenen Korrespondenzen durch die Cernirungslinie der deutschen Armee vor Paris.

— Cirkulare des Staatssekretärs von Thile zu Berlin an die neutralen Mächte wegen eingetretener Unsicherheit des Verkehrs von Paris nach und von außerhalb. [3]

---

[1] Anlagen 13 und 14.
[2] Anlagen 16 und 17.
[3] Anlage 18.

27. September. Der König von Preußen telegraphirt, daß die Kapitulation von Straßburg 9 Uhr Abends erfolgte. [1]

— Proklamation des General-Gouverneurs zu Rheims, Großherzogs Friedrich Franz von Mecklenburg-Schwerin, Commandeurs des 13. Corps, an die Bewohner des General-Gouvernements. [2]

— General-Lieutenant von Werder, Commandeur des Belagerungs-Corps von Straßburg, wird zum General der Infanterie befördert.

— General-Lieutenant und Inspecteur der 4. Artillerie-Inspektion Schwarz, zur Zeit Commandeur der Artillerie der I. Armee, wird zum Commandeur der Artillerie der gesammten, dem General der Kavallerie Prinzen Friedrich Carl von Preußen unterstellten Armeetheile ernannt.

— Dem General-Lieutenant und Inspecteur der 3. Artillerie-Inspektion, Herkt, zur Zeit Commandeur der Artillerie der III. Armee, werden auch die Funktionen eines Commandeurs der Artillerie der sämmtlichen vor Paris befindlichen Armee-Corps übertragen.

— Ausfall der Garnison Metz bei Mercy-le-Haut bis Ars-le-Quenez mit großen Verlusten der Franzosen zurückgeschlagen. La Grange und Colombay eingeäschert.

— Cirkulardepesche des Bundeskanzlers Grafen von Bismarck an die Gesandten des Norddeutschen Bundes, den Bericht von Jules Favre über seine Verhandlungen mit dem Grafen von Bismarck in Ferrières betreffend (S. 21. September).

— Erlaß des Kanzlers des Norddeutschen Bundes (in Vertretung v. Thile) an die diesseitigen Gesandten, durch welchen die Behauptungen widerlegt werden, welche rücksichtlich der Verletzung des Völkerrechts durch deutsche Truppen in zwei von dem Prinzen Latour d'Auvergne in der Sitzung des gesetzgebenden Körpers am 1. September verlesenen Cirkularen enthalten waren. [3]

— Proklamation der beim General-Gouvernement zu Rheims ernannten Civil-Kommissarien, Prinz Carl zu Hohenlohe und Graf von Tauffkirchen, an die Bevölkerung des General-Gouvernements.

— Die großbritannische Regierung macht bekannt, daß nach einer amtlichen Anzeige der französischen Regierung die Blokade der Ostsee vollständig aufgehoben ist.

28. September. Der König von Preußen besichtigt die Truppen nordöstlich und nördlich von Paris.

— Morgens 2 Uhr wird die Kapitulation von Straßburg abgeschlossen. [4] 451 Offiziere und 17,451 (15,397) Mann (7000 M. Nationalgarden) strecken die Waffen. Reiche Vorräthe in den

---

[1] Anlage 20.
[2] Anlage 19.
[3] Anlage 21.
[4] Anlage 22.

Arsenalen an (6000 Ctr.) Munition, Tuch und Waffen, darunter 1250 broncene Kanonen, 12,000 Chassepots, 2 Millionen Francs Staatsgelder, 8 Millionen Francs Depositen, 50 Locomotiven, 1843 Pferde gehören zur Beute. Die Belagerung kostete den Deutschen 906 Todte und Verwundete, wobei 43 Offiziere.[1]

28. September. Wiederholte Ausfälle der Besatzung von Soissons werden von Landwehrtruppen des 13. Armee-Corps zurückgewiesen.

— Telegraphische Leitungen im Seinebett nach Rouen 2c. werden deutscher Seits aufgefunden und zerstört.

— Die »Grille« konstatirt, daß die Ostsee von französischen Kriegsschiffen geräumt ist.

29. September. Die Wahlen für die konstituirende Versammlung in Frankreich werden durch die Delegation in Tours wieder auf den 16. Oktober anberaumt.

— Die französische Regierung setzt für die Nationalgarde Kriegsgerichte, wie für die Linientruppen ein.

30. September. Allerhöchster Präsidial-Erlaß, durch welchen auf Grund der Gesetze vom 9. November 1867 und vom 20. Mai 1869, betreffend den außerordentlichen Geldbedarf des Norddeutschen Bundes zum Zweck der Erweiterung der Bundes-Kriegsmarine 2c. die Verausgabung von 6,500,000 Thlr. verzinslicher Schatzanweisungen genehmigt wird.[2]

— Allerhöchste Kabinets-Ordre, betreffend die Bildung des 14. Armee-Corps in Straßburg. General der Infanterie v. Werder, bisher Commandeur des Belagerungs-Corps von Straßburg, wird zum kommandirenden General des 14. Armee-Corps, Oberst-Lieutenant v. Leszcynski zum Chef des Generalstabs dieses Armee-Corps ernannt.

— General-Lieutenant v. Glümer, Commandeur der 13. Division, wird zum Commandeur der Großherzoglich badischen Feld-Division, General-Lieutenant v. Bothmer zum Commandeur der 13. Division ernannt.

— General-Lieutenant v. d. A. v. Ollech wird zur Wahrnehmung der Geschäfte des Gouvernements (von Coblenz) nach Straßburg kommandirt.

— Nationale Feier des Geburtstages Ihrer Majestät der Königin Augusta, welche allseitige Glückwünsche erhält.

— Der Kronprinz von Preußen besichtigt das 2. bayerische Armee-Corps und vertheilt unter Anerkennung der Tapferkeit desselben die verliehenen Ehrenkreuze.

— Der König von Bayern dankt dem bayerischen Landeshülfsverein.

— Gefecht der 5. Kavallerie-Brigade (General-Major von Bredow) und bayerischer Infanterie bei Maule und les Alluets.

— Ein Angriff des Corps Vinoy auf das 6. preußische Armee-Corps vor Paris wird nach zweistündigem Gefecht,

---

[1] Anlage 23.
[2] Anlage 24.

mit Verluſt von 1200 Mann Todten, Verwundeten und Gefangenen (300 Mann), unter Erſteren General Guilhem,
für die Franzoſen, zurückgeſchlagen, welche in wilder Flucht
das Feld räumten. Ein zweiter Ausfall gegen das 5. Corps
nach Südweſt von Paris wird von dieſem gleichfalls zurück-
gewieſen.

30. September. Feierlicher Einzug des Generals von
Werber in Straßburg und Dankgottesdienſt für die deutſchen
Truppen in der Thomaskirche daſelbſt (an demſelben Tage, an
dem der König Ludwig XIV. vor 189 Jahren in Straßburg
einzog).

— Preisvertheilung des Centralcomités des Preußiſchen
Vereins für Pflege im Felde verwundeter und erkrankter Krieger
für Löſung von humanen Preisaufgaben.

1. Oktober. Die Königin Auguſta dankt unter Hinweis
auf die ernſten Ereigniſſe den Städten Berlin, Coblenz und
Caſſel,[1] ſowie dem deutſchen Vereine zur Pflege im Felde verwundeter und erkrankter Krieger[2] und der Berliner Kaufmann-
ſchaft[3] für ihre Geburtstagsglückwünſche.

1. Oktober (und folgende Tage). Die 4. Reſervediviſion
überſchreitet bei Neuenburg den Rhein.

— Siegreiches Gefecht des 5. Thüringiſchen Infanterie-
Regiments Nr. 94 (Großherzog von Sachſen) bei Carrefour-
Pompadour (ſüdöſtlich Paris).

— Cirkulardepeſche des Bundeskanzlers Grafen v. Bismarck
an die norddeutſchen Bundesgeſandtſchaften, betreffend die
Unterredungen mit Jules Favre in Ferrières.[4]

— Die deutſche Ober-Poſtdirektion für das Elſaß tritt zu
Straßburg in Wirkſamkeit.

— Die proviſoriſche Regierung in Paris hebt die von der
Delegation zu Tours am 29. September erlaſſene Verordnung,
durch welche die Wahlen für die Konſtituante auf den 16. Oktober anberaumt worden, als mit dem Erlaß der Pariſer Regierung vom 23. September und des der Delegation vom
24. September im Widerſpruch ſtehend, wieder auf.

— Die belgiſchen Obſervations-Armeen werden aufgelöſt.

2. Oktober. Allerhöchſter Präſidial-Erlaß, welcher genehmigt, daß die Bundes-Anleihe (S. 24. Juli) von 100 auf
80 Millionen Thaler herabgeſetzt wird.[5]

— Die Königin von Preußen zeichnet den erſten Beitrag
(1000 Thlr.) zur Unterſtützung der Bewohner Straßburgs.[6]

— Der König von Sachſen verleiht dem König von Preußen eine ausſchließlich für denſelben geſtiftete Ordens-Dekoration
des Königl. ſächſiſchen militäriſchen Heinrichs-Ordens.

---

[1] Anlagen 25, 26 u. 27.
[2] Anlage 28.
[3] Anlage 29.
[4] Anlage 30.
[5] Anlage 31.
[6] Anlage 32.

2. Oktober. Die Herzogin Agnes von Sachsen-Altenburg erläßt zur Unterstützung Straßburgs einen Aufruf an die Bewohner ihres Landes.

— Siegreiches Vorpostengefecht der Division v. Kummer bei Metz (St. Remy).

3. Oktober. Der König von Preußen besichtigt die Truppenaufstellung im Südosten von Paris.

— Allerhöchste Bundes-Präsidial-Verordnung, betreffend die Aufhebung des Verbots der Ausfuhr und Durchfuhr von Hafer und Kleie. (Verordnung vom 20. Juli 1870.)[1]

— Königin Augusta dankt der Vertretung von Ehrenbreitenstein für ihre treue Gesinnung und dargebrachten Glückwünsche.[2]

4. Oktober. Gefecht der 15. Kavallerie-Brigade (Oberst von Alvensleben) und bayerischer Artillerie und Infanterie im Walde von Hilarion und bei Epernon.

— Gefecht badischer Truppen unter General-Major von Degenfeld bei Champenay (Vogesen-Departement).

— Denkschrift des Grafen von Bismarck, in welcher darauf hingewiesen wird, daß für die in Paris, voraussichtlich selbst nach der Kapitulation eintretende Hungersnoth lediglich die französischen Machthaber verantwortlich sind, die den Waffenstillstand abgelehnt haben.[3]

— Erlaß des Generalgouverneurs zu Rheims, Großherzogs Friedrich Franz von Mecklenburg, mit dem Befehl an die Truppen, in keiner Weise die Zuckerrüben-Ernte und die Zuckerfabrikation zu hemmen und mit dem Verbot des Betretens der Erntefelder und Zuckerfabriken, mit Ausnahme militärischer Maßnahmen.

5. Oktober. Der König von Preußen besichtigt die Aufstellung des 6. Armee-Corps vor Paris und verlegt sein Hauptquartier nach Versailles.

— Von dem 14. Armee-Corps rückt die Avantgarde, das Gros am 6., von Straßburg und Umgegend ab, um dem erhaltenen Befehle gemäß die Vogesen zu forciren und die sich südlich derselben bildenden Truppenmassen zu zerstreuen.

— Patrouillengefechte der gegen die Loire streifenden 4. Kavallerie-Division. Von der 6. Kavallerie-Division werden 1500 Mobilgardisten aus der Gegend von Montfort vertrieben.

— Gefecht der badischen Truppen unter General-Major von Degenfeld bei Raon l'Etape und St. Dié (Vogesen-Departement).

— Gefecht der 5. Kavallerie-Brigade rc. bei Pacy.

— Gefecht der 4. Kavallerie-Division bei Toury.

---

[1] Anlage 33.
[2] Anlage 34.
[3] Anlage 43.

5. Oktober. Deutsche Truppen besetzen Gisors.

— General-Gouverneur Vogel von Falckenstein gestattet in seinem Gouvernement wieder die Abhaltung von Versammlungen. [1]

— Aufnahme von Bauten und Herstellung der zerstörten Gebäude (Münster) in Straßburg. [2]

— In Paris finden nach einer Bekanntmachung im »Journal officiel« innerhalb vierzehn Tagen zum zweiten Male »bewaffnete Demonstrationen« gegen die Regierung statt.

6. Oktober. Siegreiches Gefecht der badischen Brigade des General-Major von Degenfeld gegen 14000 Mann französische Truppen und Francs-tireurs unter General Petevin bei Etival und Rompatelize (Vogesen-Departement). Die Franzosen, in voller Flucht nach Rambervilliers, verlieren 583 Mann und 6 Offiziere als Gefangene, 1400 Mann todt und verwundet. [3]

7. Oktober. Der König von Preußen besichtigt die im Westen von Paris (St. Germain en Laye) aufgestellten Truppen.

— Nachmittags. Ausfall der pariser Garnison gegen Malmaison.

— Ein Ausfall der Besatzung von Metz auf beiden Moselufern (Woippy) wird mit großem Verlust für die Franzosen zurückgeschlagen. [4]

— Garibaldi trifft in Marseille ein.

8. Oktober. Das General-Gouvernement im Elsaß siedelt nach Straßburg über. Proclamation des Gouverneurs Grafen Bismarck-Bohlen an die Stadt Straßburg. [5] Die Einsetzung einer General-Kommission für die Ermittelung der Belagerungsschäden in Straßburg wird von dem Kanzler des Norddeutschen Bundes angeordnet.

— Der Großherzog von Mecklenburg-Schwerin, Gouverneur von Rheims, macht alle Gemeinden seines General-Gouvernements für die in ihrem Bereich stattfindenden Beschädigungen der Armee-, Eisenbahn- und Telegraphenverbindungen haftbar.

— Neubreisach, erfolglos zur Uebergabe aufgefordert, wird mit leichtem Geschütz bombardirt und demnächst cernirt.

— In der Nacht zum 8. Oktober wird eine Escadron des 16. Husaren-Regiments in Ablis (Dep. Seine et Oise, 6½ Ml. südwestl. Versailles) durch Verrätherei der Einwohner überfallen. Der Ort wird zur Strafe niedergebrannt. [6]

— Memorandum des Grafen Bernstorff an das englische Cabinet, welches diesem seine für Frankreich wohlwollende

---

[1] Anlage 35.
[2] Anlage 36.
[3] Anlagen 37 und 38.
[4] Anlage 39.
[5] Anlage 40.
[6] Anlage 42.

und parteiische Neutralität wegen Gestattung großartiger Waffenausfuhr an Frankreich vorhält und das britische Cabinet auf die öffentliche Meinung in Deutschland einerseits und andererseits nur noch auf den versöhnenden Einfluß zahlreicher und thatsächlicher Beweise von Sympathien des englischen Volks hinweist.

8. Oktober. Der Vertreter für die auswärtigen Angelegenheiten bei der Delegation in Tours erläßt ein Cirkular an die Gesandtschaften, in welchem er nachzuweisen versucht, daß liberale Frankreich habe niemals Eroberungsgelüste gehabt, noch die deutsche Einheit bekämpft.

— Thiers in Wien.

8., 9. und 10. Oktober. Aufstandsversuche in Paris.

9. Oktober. Der König von Sachsen läßt durch General-Lieutenant v. Thielau in Versailles dem König Wilhelm das für Ihn gestiftete Großkreuz des Heinrichs-Ordens überreichen, König Wilhelm dankt durch Telegramm.[1]

— Der Großherzog von Mecklenburg, Gouverneur von Rheims, läßt für Veröffentlichung amtlicher Nachrichten in Seinem Gouvernement den »Moniteur officiel du Gouvernement de Rheims« erscheinen.

— Preußische und bayerische Truppen zersprengen größere, von der Loire vorgegangene feindliche Abtheilungen bei Etampes.

— Gefecht des Bataillons von Beckefeld 30. Infanterie-Regiments (14. Armee-Corps) bei Rambervillers.

— Schlettstadt wird cernirt.

— Der Minister der provisorischen Regierung in Frankreich, Gambetta, der sich per Luftballon von Paris nach Tours begeben hat, um die Differenzen zwischen der Regierung in Paris und der Delegation (rücksichtlich der Wahlen) auszugleichen, erläßt eine Proklamation an die Bürger des Departements Tours, in welcher er sie auffordert, Paris zu Hülfe zu eilen.

— Garibaldi trifft in Tours ein.

— Proklamation des Präsidenten der Vereinigten Staaten von Amerika, die Neutralität der Vereinigten Staaten betreffend.

10. Oktober. König Ludwig II. von Bayern richtet an den Archivdirector von Löher ein Dankschreiben für seine Schrift »Abrechnung mit Frankreich«.

— Siegreiches Gefecht eines gemischten Corps der III. Armee (1. bayerisches Corps, 22. Infanterie-Division, Kavallerie-Divisionen Prinz Albrecht und Graf Stolberg) unter General von der Tann gegen einen Theil der Loire-Armee bei Orléans (Artenay).

— Die Kavallerie-Division Rheinbaben treibt 4000 Mobilgarden bei Chérisy über die Eure zurück.

— Gefecht des 5. badischen Infanterie-Regiments bei Anould.

— General-Lieutenant v. Beyer begiebt sich von Karlsruhe zur Armee, um an Stelle des erkrankten General-Lieutenants v. Glümer den Oberbefehl über die badische Division zu übernehmen.

---

[1] Anlage 41.

10. Oktober. Versammlung und Erklärung der deutsch=
liberalen Partei in Stuttgart in Bezug auf die deutsche
Einigung.

— Antwort des Grafen v. Bismarck auf die Anfrage der
in Paris weilenden Diplomaten, wie weit sie ermächtigt werden
könnten, mit ihren resp. Regierungen in Verkehr zu bleiben.

— Der Vertreter für die auswärtigen Angelegenheiten bei
der Delegation in Tours, de Chaudordy, sucht in einem Cir=
kularschreiben auseinanderzusetzen, daß Preußen die Absicht
habe, Frankreich zu einer Macht zweiten Ranges zu erniedrigen.

11. Oktober. Die Loire-Armee wird von den deutschen Trup=
pen (1. bayerisches Corps, 22. Inf.=Division, 2. u. 4. Kavallerie=
Division) unter General v. d. Tann bei Orléans geschlagen, Orléans
erstürmt. 3 Geschütze genommen, 2000 Gefangene gemacht.[1]

— Gefecht des 1. und 2. badischen Grenadier=Regiments
bei Brouvellieres.

— Der Großherzog von Sachsen erweitert die Statuten
Seines Hausordens für die vor dem Feinde erworbenen Deco=
rationen.

— Die französische Flotte zeigt sich wieder bei Helgoland.

— Das Etappenkommando in Stenay wird durch einen
Ausfall von Montmédy aufgehoben.

— Einrichtung der Posten in den 3 errichteten Gouver=
nements Straßburg, Nanzig und Rheims.[2]

12. Oktober. Beginn der förmlichen Belagerung von
Soissons.

— König Ludwig II. von Bayern richtet wegen der Schlacht
von Orléans ein Telegramm an General-Lieutenant v. d. Tann,
worin er diesen und die Armee rühmt.

— General Senfft von Pilsach vertreibt 3000 Mobilgarden
aus Breteuil.

— Gefecht des 30. Infanterie = Regiments bei Epinal.

— General-Lieutenant v. Rosenberg-Gruszczynski, Gouver=
neur von Königsberg, wird nach Rheims kommandirt, zur
Uebernahme der Stellvertretung des Großherzogs von Meck=
lenburg-Schwerin in seiner Eigenschaft als General-Gouverneur
zu Rheims.

13. Oktober. Allerhöchste Präsidialverordnung, betreffend
die Aufhebung des Verbots der Ausfuhr 2c. von Rindvieh 2c.,
so wie die Aufhebung des Verbots der Ausfuhr und Durchfuhr
von Steinkohlen und Koaks für die Grenze südlich von Mal=
médy bis Saarbrücken (f. Verordnungen vom 10. und
16. Juli 1870).[3]

— Die Franzosen schießen das Schloß von St. Cloud in
Brand. 10 Bataillone derselben machen einen vom 2. baye=
rischen Corps zurückgewiesenen Ausfall.

---

[1] Anlagen 44 u. 45.
[2] Anlage 46.
[3] Anlage 47.

13. Oktober. Das 14. Armee-Corps erreicht unter täglichem kleinen Gefecht Epinal und stellt seine Verbindungen über Lunéville her.

— Prinz Wilhelm von Baden übernimmt in Epinal an Stelle des erkrankten General-Lieutenants La Roche das Kommando der 1. badischen Infanterie-Brigade.

— Beginn der förmlichen Belagerung von Verdun.

— Bekanntmachung des General-Postamts, daß in Gemäßheit der Allerhöchsten Ordre vom 12. September 1870 eine Ober-Postdirektion für das Elsaß in Straßburg und eine Ober-Postdirektion für Deutsch-Lothringen, vorläufig in Nanzig, ins Leben getreten, und die für die übrigen okkupirten Theile Frankreichs errichtete Post-Administration von Nanzig nach Rheims vorgeschoben worden ist.[1]

— Der Präsident der Vereinigten Staaten von Amerika erläßt eine Proklamation, durch welche einzelne Unionsstaaten vor Verletzung der Neutralität gewarnt werden.

13. — 15. Oktober. Verhandlungen im Königl. Hauptquartier zu Versailles mit dem von dem Marschall Bazaine aus Metz entsendeten General Boyer.

14. Oktober. Das Hauptquartier des Kronprinzen von Sachsen (IV., Maas-Armee) wird nach Margency verlegt.

— Ein Ausfall mehrerer Bataillone der pariser Garnison wird durch die Feldwachen und einige Geschütze des 12. (Königl. sächsischen) Corps abgewiesen.

— Cirkular-Verfügung des Civil-Kommissars im Elsaß, Regierungs-Präsidenten von Kühlwetter, die Einrichtung der Finanzbehörden im Elsaß betreffend.

— Bestellung von Steuer-Direktoren in jedem Departement des General-Gouvernements Straßburg.

— Garibaldi, von der Delegation zu Tours zum Ober-Befehlshaber sämmtlicher irregulären Streitkräfte Frankreichs ernannt, trifft in Besançon ein.

15. Oktober. Die an den Schanzen von Villejuif arbeitenden Franzosen werden durch die Feldartillerie des 6. Armee-Corps vertrieben.

— Verordnung des General-Gouvernements Rheims betreffs der Rinderpest.

16. Oktober (3 Uhr Morgens). Soissons kapitulirt nach 4tägiger hartnäckiger Artillerievertheidigung.

— Nachmittags Einzug der siegreichen Truppen unter dem Großherzog von Mecklenburg-Schwerin in Soissons. 99 Offiziere, 4633 Mann gefangen, 128 Geschütze, 70000 Granaten, 3000 Centner Pulver, eine Kriegskasse von 92000 Francs u. Proviant-Magazin, für eine Division auf 3 Monat, erbeutet.[2]

— Bekanntmachung des Bundeskanzlers, Grafen von Bismarck, betreffend die Ausgabe verzinslicher Schatzanweisungen im Betrage von 20,000,000 Thaler (Serie VII. u. VIII. v. J. 1870).

---

[1] Anlage 48.
[2] Anlage 49.

16. Oktober. Ein Ausfall der Franzosen aus Neubreisach wird zurückgeschlagen.

17. Oktober. Montdidier (Dep. Somme) wird durch ein Detachement der Maas-Armee besetzt.

18. Oktober. Der König von Preußen theilt dem Prinzen Ludwig von Hessen mit, daß er demselben in Anerkennung der fortgesetzt rühmlichen Leistungen der unter seinem Kommando stehenden Truppen das Eiserne Kreuz erster Klasse verliehen habe.[1]

— Allerhöchster Erlaß, betreffend die Ausgabe von 3,700,000 Thaler verzinslicher Schatzanweisungen.[2]

— Schreiben des Königlichen Kommissarius und Militär-Inspecteurs der freiwilligen Krankenpflege im Kriege, Fürsten Pleß, in welchem derselbe dem Komité der National Society for aid to the sick and wounded in war zu London im Allerhöchsten Auftrage den Dank des Königs von Preußen für die Sr. Majestät zur Verfügung gestellten Summen von 20,000 Pfd. Sterl. ausdrückt.[3]

— Glückwunschtelegramm des Königs von Bayern an den Kronprinzen von Preußen und Antworttelegramm des letzteren.

— König Ludwig von Baiern verleiht dem General der Infanterie v. Hartmann das Großkreuz des Militärverdienstordens.

— Der König von Württemberg richtet ein Glückwunschtelegramm an den Kronprinzen von Preußen und benachrichtigt denselben von der Verleihung des Großkreuzes des Militär-Verdienstordens. Der Kronprinz drückt in einem Erwiederungstelegramm seinen Dank aus.

— General v. Werder nimmt Besoul.

— Die 22. Division (III. Armee) schlägt 4000 Franzosen bei Châteaudun (Dep. Eure-et-Loire, nordwestlich Orléans) und erstürmt diese Stadt.

— In der Nacht zum 20. Oktober Alarmirung der deutschen Vorposten bei Chevilly vor Paris.

— Jules Favre's ideelle Beantwortung des Berichts des Grafen Bismarck aus Ferrières über die Zusammenkunft mit ihm.

— Rundschreiben von Jules Favre über den Bericht, welchen Graf Bismarck rücksichtlich der Unterhandlungen in Ferrières veröffentlicht hat.

19. Oktober. Eine Allerhöchste Ordre befiehlt die Formirung zweier Reserve-Jäger-Bataillone.

— Der König von Sachsen spricht den sächsischen Truppen in einem Tagesbefehl seine Anerkennung aus.

20. Oktober. Der König von Preußen verleiht dem Großherzog von Mecklenburg-Schwerin das Eiserne Kreuz erster Klasse.

— Der Kaiser von Rußland theilt dem Großherzog von Mecklenburg-Schwerin telegraphisch mit, daß er demselben das Kreuz des St. Georgen-Ordens III. Klasse verliehen habe.

---

[1] Anlage 51.
[2] Anlage 50.
[3] Anlage 52.

20. Oktober. Hauptquartier des General v. Werder in
Befail, wohin das 14. Armee-Corps vom 15. — 18. Oktober
aus Epinal marschirt ist.

— Ein Ausfall der Franzosen aus Mont Valerien wird
unter den Augen des Königs bei Malmaison zurückgeschlagen.
Die 9. und 10. Infanterie-Division und das 1. Garde-Land-
wehr-Regiment im Gefecht. Dieselben machen 100 Gefangene
und nehmen 3 Feldgeschütze.

— Die bayerischen, württembergischen und badischen Minister begeben sich behufs Konferenzen in das Königliche Hauptquartier nach Versailles.

— Eröffnung von Post-Anstalten in Deutsch-Lothringen.¹)

— Unter des General-Gouverneurs Grafen Bismarck-
Bohlen Vorsitz tritt ein Verein zur Restauration des Straßburger Münsters zusammen.

— Aufruf desselben und anderer Notabilitäten in Straßburg, Beiträge für die Wiederherstellung des dortigen Münster
beizusteuern.

— Der englische Minister Graf Granville erläßt eine, auf
Englands und anderer neutralen Mächte versuchte Friedens-
vermittelung zwischen Deutschland und Frankreich eingehende
Note, worin er betont, daß, wenn alle Friedensanerbietungen
von den Machthabern Frankreichs zurückgewiesen seien, diese
die Verantwortung für das ·Paris bevorstehende Unheil
treffe. Lord Granville deutet an, daß die großbritannische
Regierung geneigt sei, zwischen Deutschland und Frankreich
behufs Zusammenberufung einer konstituirenden Versammlung
vor dem Bombardement erst noch einen Waffenstillstand zu
vermitteln, der zum Frieden führen könnte.

21. Oktober. General v. Wittich besetzt Chartres, Hauptstadt des Dep. Eure et Loire.

— Vor Schlettstadt wird die erste Parallele ausgehoben,
die Beschießung durch 32 Geschütze beginnt am Morgen.

— Gefecht bei La Malmaison (bei Paris) unter den Augen
des Königs von Preußen. 12 Bataillone französischer Infanterie mit 40 Geschützen werden von den vordern Abtheilungen
der 9. und 10. Infanterie-Division und des 1. Garde-Landwehr-
Regiments, unterstützt durch Artilleriefeuer des 4. Corps,
geschlagen und verlieren über 100 Gefangene und 2 Geschütze.²)

— St. Quentin wird von 4500 Mann deutscher Truppen
besetzt.

— Eine Depesche Lord Granville's beantwortet die
Note des Grafen Bernstorff vom 8. Oktober. Dieselbe
vertheidigt die von England beobachtete Politik der Neutralität,
welche durchaus mit den Bestimmungen des Völkerrechts als
auch dem in Präcedenzfällen zu beobachtenden Verfahren überein-
stimme. Die Ausfuhr von Waffen, welche von der britischen

---

¹) Anlage 53.
²) Anlage 54.

Regierung auf das genaueste überwacht worden sei, wäre geringer gewesen, als die Waffenausfuhr aus den Vereinigten Staaten, und doch habe Deutschland gegen Letztere keine Beschwerde erhoben. Jedenfalls sei der Auftrag des Marschalls Palikao, 40,000 Gewehre in England für Rechnung Frankreichs anzufertigen, nie ausgeführt worden. Der Verkauf der englischen Schiffe »Hypatia« und »Norsemann« als Vorrathsschiffe an die französische Regierung habe vor der Annahme der neuen »foreign enlistement act« stattgefunden, weßhalb eine Belangung der Verkäufer unthunlich gewesen sei. Schließlich spricht Granville die Hoffnung auf baldige Beseitigung dieser einzigen zwischen Großbritannien und Deutschland bestehenden Differenz aus. Die britische Regierung sei auf die deutsche Einheit keineswegs eifersüchtig, sie halte im Gegentheil die Erstrebung derselben für ein großes und Deutschland würdiges Ziel.

22. Oktober. General von Werder wirft die aus 2 Divisionen bestehende französische Ostarmee unter General Cambriels bei Rioz und Etuz (Varny, Cussey, Geneuille) über den Oignon und aus Auxon-Dessus gegen Besançon zurück. Deutscherseits Brigade Degenfeld und Theile der Brigaden Prinz Wilhelm und Keller, sowie zwei Bataillone des 30. Regiments im Gefecht. Die Franzosen verloren durch Gefangenschaft 2 Stabsoffiziere, 13 Offiziere und 180 Mann.[1]

— Ein Ausfall von 3 Bataillonen der pariser Garnison mit Artillerie und Mitrailleusen nach Champigny wird von den württembergischen Vorposten zurückgeschlagen.

— Wiedereinführung indirekter Steuern im General-Gouvernement Straßburg.

— Die württembergische Abgeordnetenkammer genehmigt die von der Regierung eingebrachten Gesetzentwürfe, betreffend die Forterhebung der Steuern bis zum 31. Januar 1871, sowie bezüglich eines weiteren Militärkredits von 3,700,000 Gulden. Demnächst wird die Kammer aufgelöst, damit die neue deutsche Bundesverfassung einer neuzubildenden Kammer vorgelegt werden kann.

23. Oktober (und folgende Tage). Die III. Reserve-Armee unter General von Löwenfeld rückt von Glogau nach dem Elsaß ab.

— Der Großherzog von Mecklenburg-Schwerin begiebt sich von Rheims zu den Cernirungstruppen vor Paris, wohin der Stab des 13. Armee-Corps, dessen Befehl auch die Königlich württembergische Division unterstellt ist, verlegt wird.

— Ein nach Nangis detachirtes württembergisches Detachement unter Oberst-Lieutenant v. Schröder entwaffnet in Montereau 300 Nationalgarden und nimmt ein Geschütz und eine Mitrailleuse.

— In der Nacht zum 23. wird die erste Parallele gegen Schlettstadt eröffnet. Am Morgen beginnt das Bombardement.

---

[1] Anlagen 55 und 56.

24. Oktober. Allerhöchste Kabinets-Ordre an den General-Gouverneur der Küstenlande, General Vogel von Falckenstein, in den in Kriegszustand erklärten Bezirken bis zur Beendigung der Wahlen von der gesetzlichen Befugniß, den Artikel 30 der Verfassungsurkunde zu suspendiren, keinen Gebrauch zu machen und die auf Befehl des General-Gouverneurs verhafteten oder internirten preußischen Unterthanen, soweit nicht gerichtliche Haft gegen sie beschlossen ist, und vorbehaltlich des gegen sie einzuleitenden Strafverfahrens, sofort in Freiheit zu setzen.[1]
— Desgleichen Kabinetsordre an den Gouverneur der Rheinlande, von der ihm nach §. 5 des Gesetzes über den Belagerungszustand vom 4. Juni 1851 zustehenden Befugniß der Suspension des Art. 30 der Verfassungsurkunde keinen Gebrauch zu machen.[2]
— Der Großherzog von Mecklenburg-Schwerin, kommandirender General des 13. Armee-Corps, übernimmt den Ober-befehl auch über die württembergische Division.[3]
— Die Festung Schlettstadt kapitulirt und wird mit 2400 gefangenen Franzosen und 120 Geschützen übergeben.
— Der Königl. sächsische Staats-Minister, Frhr. v. Friesen, der großh. hessische Minister v. Dalwigk und der großh. hessische Gesandte in Berlin, Legations-Rath Hoffmann, begeben sich in das Königl. Hauptquartier nach Versailles.
— Vermehrung der Postanstalten im Elsaß und Lothringen durch den General-Post-Direktor bekannt gemacht.
— Schluß der Subscription auf die französische Anleihe in London.
25. Oktober. Im Gefecht bei Nogent-sur-Seine 5 Offiziere und 250 Mann Franzosen gefangen.
— Das Hauptquartier des badischen Divisionsstabes befindet sich in Etuz.
— Einzug des Generals v. Schmeling in Schlettstadt.
— Das württembergische Detachement (s. 23. Oktober) zersprengt bei Nogent-sur-Seine 2600 Mobilgarden und einige Hundert Nationalgarden und Francs-tireurs und nimmt 250 Mann und 5 Offiziere gefangen.
26. Oktober. Das Corps des Generals von Werder tritt den Vormarsch auf Dijon an.
— Bekanntmachung des General-Gouverneurs im Elsaß, General-Lieutenants Grafen von Bismarck-Bohlen, die Wieder-erhebung indirekter Steuern im Bezirk des General-Gouvernements vom 1. November 1870 an betreffend.
— Tagesbefehl des Kommandanten des 2. bayerischen Armee-Corps, General der Infanterie v. Hartmann, welcher den ihm unterstellten Truppen ein an ihn gerichtetes, die Verleihung

---

[1] Anlage 58.
[2] Anlage 57.
[3] Anlage 59.

des Großkreuzes des Militär-Verdienst-Ordens begleitendes,
die Truppen ehrendes Handbillet des Königs von Bayern vom
18. Oktober 1870 bekannt macht.

    26. Oktober. General-Major v. Debschitz erhält das Kom-
mando über ein nach Kehl heranzuziehendes Truppendetachement
von 12 Landwehr-Bataillonen des Reserve-Corps bei Glogau,
2 Landwehr-Kavallerie-Escadrons und 2 leichten Reservebatterien.

    27. Oktober. Kapitulation von Metz. Festung, Marschall
Bazaine und die Armee ergeben sich an den Prinzen Friedrich
Carl. Gefangen sind 173,000 Mann, 3 Marschälle
(Bazaine, Leboeuf, Canrobert), 6000 Offiziere. Erbeutet werden
53 Adler, 102 Mitrailleusen, 541 Feldgeschütze, 800 Festungs-
geschütze, 300,000 Gewehre, Rohmaterial viele Millionen Frcs.
in Werth und eine Pulver-Fabrik. Die Franzosen büßten
während der Belagerung 1 Marschall, 24 Generale, 2140 Offiziere und 42,350 Soldaten ein.[1]

    — Gefecht bei Nangis und Montereau. Die Württem-
berger nehmen 15 Offiziere, 2 Stabsoffiziere und 180 Mann
Franzosen gefangen, und erobern 1 Mitrailleuse und 1 Kanone.

    — Prinz Friedrich Carl macht der I. und II. Armee die
Kapitulation von Metz in einem Armeebefehl bekannt; er er-
kennt die Tapferkeit, den Gehorsam und die Hingebung der
Truppen an und verabschiedet sich von der I. Armee und der
Division von Kummer.[2]

    — Gefecht badischer Truppen (1. Leibgrenadier-Regiment)
bei St. Eglise und Essertenne. In dem letzten Gefecht nehmen
dieselben 15 Offiziere und 500 Mann gefangen. Bei St. Seine
nehmen die Badenser (Bat. Wolff vom 2. Gren.-Rgt.) 50 Franzosen gefangen.

    — Die Stadtverordneten Berlins beglückwünschen den
König zu der Kapitulation von Metz per Telegramm.

    — General-Lieutenant v. Kummer, Commandeur der
3. Reserve-Division, wird zum Commandeur der 15. Infanterie-Division, General-Major Schuler v. Senden, Commandeur der 3. Landwehr-Division, zum Commandeur der 3. Reserve-
Division ernannt.

    — General-Lieutenant und Inspecteur der 2. Artillerie-In-
spektion, Schwarz, von dem Oberbefehl über die gesammte um Metz
stehende Artillerie entbunden, tritt in sein früheres Verhältniß
zur I. Armee zurück. General-Lieutenant und Inspecteur der
4. Artillerie-Inspektion, v. Colomier, übernimmt seine früheren
Funktionen bei dem Ober-Kommando der II. Armee.

    28. Oktober. Der Oberbefehlshaber der deutschen Heere,
König von Preußen, erläßt einen Armeebefehl mit dem Dank
und Anerkennung für Muth, Gehorsam, Ausdauer, Selbstver-
läugnung bei Krankheit und Entbehrungen für die Truppen.[3]

---

[1] Anlagen 60, 61 u. 63.
[2] Anlage 62.
[3] Anlage 64.

28. Oktober. Der König von Preußen ernennt den Kronprinzen Friedrich Wilhelm und den Prinzen Friedrich Carl von Preußen zu General-Feldmarschällen.

— Der König theilt dem Prinzen Friedrich Carl diese Ernennung durch Telegramm mit.[1]

— Der König benachrichtigt den General-Feldmarschall Grafen von Wrangel von der Ernennung der Prinzen zu Feldmarschällen.[2] Erwiederung des Grafen von Wrangel.[3]

— Verordnung des Königs von Preußen, betreffend das Posttagwesen in den General-Gouvernements Elsaß und Lothringen.

— Erwiederungstelegramm des Königs von Preußen auf die Glückwünsche des Königs von Württemberg über die Kapitulation von Metz.[4]

— Glückwunschtelegramm des Königs Ludwig II. von Bayern zur Kapitulation von Metz an den König Wilhelm »den Siegreichen« von Preußen.[5]

— Der König von Preußen erhebt den Chef des großen Generalstabes General von Moltke in den Grafenstand.

— Prinz Wilhelm von Baden besetzt Mirebeau.

— General-Lieutenant v. Löwenfeld wird zum Gouverneur von Metz ernannt.

— Graf v. Bismarck erwiedert in einer an den Grafen von Bernstorff in London gerichteten Depesche auf den Vermittlungsvorschlag des Lord Granville vom 20. Oktober, daß dem von der Königl. großbritannischen Regierung empfohlenen Wege zum Frieden, freie Wahlen durch eine konstituirende Versammlung, nicht die Zustimmung der verbündeten Regierungen, sondern die der pariser Machthaber fehle, und daß die verbündeten Regierungen es dankbar anerkennen würden, wenn die Königlich großbritannische Regierung den Versuch machen wollte, das pariser Gouvernement von dem gefährlichen und gewaltthätigen Wege, auf dem es sich befinde, abzuwenden.[6]

— Nach einer Bekanntmachung des Contre-Admiral Heldt treten die am 16. Juli suspendirten Artikel der Verfassungs-Urkunde für den Bezirk der Hafenbefestigung von Kiel wieder in Kraft.

— In Berlin wird aus Veranlassung der Kapitulation von Metz Victoria geschossen.

— Der König von Bayern hebt in den Festungen Germersheim und Landau den Belagerungszustand auf. Beide Festungen werden in Kriegszustand versetzt.

---

[1] Anlage 65.
[2] Anlage 68.
[3] Anlage 69.
[4] Anlage 67.
[5] Anlage 66.
[6] Anlage 72.

29. Oktober. Erwiederung des Königs von Preußen auf die vom General - Feldmarschall Grafen von Wrangel telegraphisch unterbreiteten Glückwünsche zu der Kapitulation von Metz.[1]

— Der König von Preußen zeigt die Ernennung des Kronprinzen und des Prinzen Friedrich Carl zu Feldmarschällen der Königin Augusta an.[2]

— Prinz Friedrich Carl dankt dem Feldmarschall Grafen Wrangel für dessen Glückwünsche.[3]

— Dem Prinzen Luitpold von Bayern (im großen Hauptquartier) wird vom Kaiser von Rußland der St. Georgs-Orden zweiter Klasse verliehen.

— Die Festung Metz wird von den deutschen Truppen besetzt.

— Gambettas Circular an die Präfecten, worin er die Kapitulation von Metz als Verbrechen zu brandmarken sucht und die französische Armee beschimpft. — Abschaffung der kaiserlichen Garde in Paris und Reservirung des Ordens der Ehrenlegion für ausschließlich militairische Verdienste.

— General-Lieutenant v. Kummer (dessen Division dem 7. Armee-Corps zugetheilt wird), zum Kommandanten von Metz ernannt, tritt seine Funktion an.

30. Oktober. König Ludwig II. von Bayern dankt den Bürgern von Posen für Bewirthung Seiner Truppen und das ihm am 22. Oktober per Telegramm gesandte Hoch.

— Der Fürst von Schwarzburg-Sondershausen dankt seinem Lande in einem Erlaß für die Unterstützung, die den im Felde stehenden Truppen aus allen Kreisen der Bevölkerung zu Theil geworden ist.

— Dankgottesdienst im Dome zu Berlin aus Veranlassung der Kapitulation von Metz.

— Angriff der 2. Garde-Infanterie-Division auf das am 28. von den Franzosen besetzte Dorf Le Bourget bei Paris. Die Franzosen werden mit Verlust von 30 Offizieren und 1250 Mann, die gefangen werden, aus dem Dorfe getrieben.

— General v. Beyer schlägt die Franzosen bei Dijon und nimmt die Höhen von St. Apollinaire und die Vorstädte St. Nicolas und St. Pierre mit Sturm.

— Die Kaiserin Eugenie trifft unter dem Namen Gräfin Clary in Wilhelmshöhe ein.

— Thiers trifft, von Orleans kommend, in Versailles ein und begiebt sich nach kurzem Aufenthalt nach Paris.

31. Oktober. Dankadresse des Kronprinzen von Preußen auf die demselben von dem Magistrat und den Stadtverordneten zu Berlin zum · 18. Oktober übersendeten Glückwunschschreiben.[4]

---

[1] Anlage 71.
[2] Anlage 70.
[3] Anlage 73.
[4] Anlage 74.

31. Oktober. Corpsbefehl des kommandirenden Generals des Garde-Corps, Prinzen August von Württemberg, an das Garde-Corps, aus Veranlassung der Erstürmung von Le Bourget.

— Proklamation des General-Lieutenats v. Kummer an die Einwohner von Metz.

— Aufruf des Civil-Kommissars im Elsaß, Regierungs-Präsidenten v. Kühlwetter, Metz und Umgegend mit Lebensmitteln zu versehen.

— Die Mitglieder der pariser Regierung werden auf die Nachricht, daß über einen Waffenstillstand unterhandelt werde und daß die französischen Truppen aus le Bourget geworfen seien, von Aufständischen im Hotel de Ville gefangen gehalten. Es bildet sich ein Wohlfahrts-Ausschuß und eine Kommune der Stadt Paris. Trochu, Arrago und Ferry werden den Aufständischen Abends durch das 106. Bataillon der Nationalgarde entrissen. Die übrigen Mitglieder der Regierung werden erst am 1. November Morgens 3 Uhr durch die Nationalgarde befreit, die den Aufstand unterdrückt.

— Dijon kapitulirt.[1]) Gefangennahme des französischen Präfecten.

— Marschall Bazaine und viele französische Offiziere treffen in Cassel ein; am 1. November auch die Marschälle Canrobert und Leboeuf.

— Thiers trifft aus Paris in Versailles wieder ein.

1. November und folgende Tage. Unterredungen des Grafen Bismarck mit Thiers in Versailles.

2. November. Der Kronprinz von Preußen läßt dem Obersten Lloyd Lindsay, dem Gründer des englischen Vereins zur Unterstützung erkrankter und verwundeter Krieger, ein Dankschreiben zugehen.[2])

— Der Kronprinz von Sachsen macht dem vereinigten Offizier-Corps und Deputationen aller sächsischen Truppen vor Paris den Tagesbefehl des Königs von Sachsen bekannt und vertheilt die von diesem verliehenen Ordens-Decorationen.

— Prinz Friedrich Carl verlegt sein Hauptquartier von Corny, wo sich dasselbe seit dem 7. September befand, nach Pont-à-Mousson.

— Gefecht der Division v. Treskow (vom v. Schmelingschen Corps, 4. Reserve-Division) bei Les Errues, Rougemont und Petit-Magny gegen Mobilgarden, denen allein in dem letzten Gefecht 5 Offiziere und 103 Mann getödtet worden.

— Rochefort nimmt seine Entlassung als Mitglied der pariser Regierung.

— Die regelrechte Beschießung von Fort Mortier und Neubreisach beginnt.

— Die Kaiserin Eugenie verläßt Wilhelmshöhe und begiebt sich nach England zurück.

---

[1]) Anlage 75.
[2]) Anlage 76.

3. November. Graf Bismarck bietet Thiers behufs Vornahme allgemeiner Wahlen in Frankreich einen 25tägigen Waffenstillstand auf der Basis des am Tage der Unterzeichnung bestehenden militärischen Status quo an.

— Der Großherzog von Baden und der Großherzog von Oldenburg begeben sich nach Versailles.

— Hauptquartier der I. Armee General von Manteuffel und der II. Armee Prinz Friedrich Carl befinden sich im Marsch auf die ihnen zugewiesenen Operationsfelder in Briey und Commercy.

— Von den Cernirungstruppen vor Mezières (General-Major von Selchow) wird gemeldet, daß seit einigen Tagen mobile Kolonnen mit Erfolg gegen die Banden der Francs-tireurs operiren.

— Die Festung Belfort wird nach mehreren kleinen siegreichen Gefechten von den deutschen Truppen cernirt.

— Der Landtag der Fürstenthümer Waldeck und Pyrmont beschließt eine Adresse an den König von Preußen.

— Der kommandirende General des 10. Armee-Corps, General der Infanterie v. Voigts-Rhetz, richtet an den Ober-Präsidenten der Provinz Hannover, Grafen zu Stolberg-Wernigerode, ein Schreiben, in welchem er die Thaten des 10. Armee-Corps anerkennt und Namens desselben der Provinz Hannover für die Theilnahme dankt, die sie dem Armee-Corps erwiesen hat.

— In Folge des Aufstandes am 31. Oktober veranstaltet die pariser Regierung eine Abstimmung der pariser Bevölkerung über die Beibehaltung der Regierung der nationalen Vertheidigung. Die überwiegende Mehrzahl der Abstimmenden (557,976 gegen 62,638) spricht sich für Beibehaltung der Regierung aus.

4. November. Allerhöchste Kabinetsordre, durch welche die General-Gouvernements zu Lothringen und Rheims anderweitig, und zwar so abgegrenzt werden, daß zum Gouvernement Lothringen die Departements Maas, Vogesen, Haute-Saone, Haute-Marne, Murte und Mosel gehören, soweit die beiden letzteren nicht durch die Ordre vom 21. August dem General-Gouvernement im Elsaß zugewiesen sind, und das General-Gouvernement zu Rheims aus den Departements Aisne, Ardennes, Marne, Seine et Marne, Aube und Seine et Oise besteht.[1])

— Der Kronprinz von Preußen vertheilt in Trianon an Kavallerie-Regimenter die denselben verliehenen Eisernen Kreuze.

— Proklamation des kommandirenden Generals des 7. Armee-Corps, v. Zastrow, zu Metz, daß das Mosel-Departement dem Militärgerichtsstande unterworfen ist.

— In der Nordsee wird von dem General-Gouvernement die Wiederherstellung der Leuchtfeuer, Betonnungen u. s. w. wieder gestattet.

---

[1]) Anlage 77.

5. November. Ein Armeebefehl des Königs von Bayern verleiht Orden und Belobungen für hervorragende Thaten des 1. bayerischen Corps bei Sedan.

— Der Herzog von Meiningen trifft in Versailles ein.

— Die in Metz erbeuteten 53 französischen Adler und Fahnen werden in Berlin in das Zeughaus überführt.

— Ein Ausfall der Besatzung von Neu-Breisach wird zurückgewiesen.

— Der Königlich Preußische Staats-Anzeiger macht bekannt, daß die Ober-Post-Direktion im Verwaltungsbereich des General-Gouvernements in Deutsch-Lothringen von Nanzig nach Metz verlegt ist.

— Auf Grund der Abstimmung von Paris lehnt die provisorische Regierung zu Paris nicht nur den angebotenen Waffenstillstand, sondern auch den Vorschlag Bismarcks ab, wonach in Frankreich incl. der occupirten Provinzen neue Wahlen zur Constituirung einer neuen Regierung vorgenommen werden sollen.

6. November. Fort Mortier bei Neu-Breisach capitulirt. 228 Franzosen gefangen, 5 Geschütze genommen.

— Der Großherzog von Baden trifft in Versailles ein.

— General-Major v. Sperling wird von dem Kommando zur Führung der 29. Infanterie-Brigade entbunden und tritt in sein früheres Verhältniß als Chef des Stabes bei dem Ober-kommando der I. Armee zurück.

— Bei Cuxhafen zeigen sich wieder 9 französische Kriegs-schiffe. Die unterm 4. November ertheilte Erlaubniß, die Leucht-feuer herzustellen ꝛc. wird daher sistirt.

— Thiers in Versailles erhält von Paris die Weisung, die Waffenstillstands-Verhandlungen abzubrechen, da das deutsche Ober-Kommando sich weigere, ohne militärische Aequivalente die Verproviantirung von Paris zu gestatten.

Anlagen.

1.

Aus dem Mir von dem Kanzler des Norddeutschen Bundes vorgelegten Schreiben des geschäftsführenden Ausschusses vom 26. August d. J. habe Ich mit besonderem Wohlgefallen ersehen, daß der Deutsche Sängerbund zur Unterstützung der hülfsbedürftigen Familien einberufener, verwundeter oder gebliebener deutscher Krieger die Summe von 2000 Thlr. dargebracht hat. Indem Ich dem Ausschusse für diese werkthätige Bekundung patriotischer Opferwilligkeit Meinen Dank und Meine Anerkennung hiermit ausspreche, benachrichtige Ich denselben zugleich, daß Ich die obige Summe der von Mir genehmigten Stiftung für die Invaliden der verbundenen deutschen Heere und für die Kinder vor dem Feinde gefallener oder an ihren Wunden verstorbener deutscher Krieger überwiesen habe.

Hauptquartier Rheims, 9. September 1870.

Wilhelm.

2.

Allerhöchste Ordre — betreffend die Organisation des Postdienstes in den besetzten französischen Gebietstheilen. Vom 12. September 1870.

Auf Ihren Bericht vom 12. d. M. genehmige Ich, daß das Postwesen in dem Verwaltungsbereich des General-Gouvernements Elsaß und Deutsch-Lothringen sogleich definitiv von der Norddeutschen Bundes-Postverwaltung organisirt wird, und daß zu diesem Behufe zwei Ober-Post-Direktionen eingerichtet werden, sowie daß das Postwesen in den übrigen okkupirten französischen Gebietstheilen provisorisch, unter Anlehnung an die bestehenden Einrichtungen, administrirt wird.

Rheims, den 12. September 1870.

Wilhelm.
Graf v. Bismarck.

An den Kanzler des Norddeutschen Bundes.

3.

In dem Erlaß vom 30sten vorigen Monats (Amtliche Nach-richten Nr. 1), habe ich mich an die sämmtlichen Beamten jeder Kategorie gewendet und dieselben in ihren Funktionen und ihrem Diensteinkommen bestätigt. Ich wende mich heute an die Geistlich-keit aller Konfessionen in der lebendigen Ueberzeugung, daß die Ziele, welche Staat und Kirchen verfolgen, keinen Gegensatz bilden, vielmehr nur Hand in Hand zu erreichen sind. In der vollsten Anerkennung des Rechtes der Kirche auf die ihnen in den Gesetzen des Landes verbriefte Unabhängigkeit und Selbständigkeit, bin ich mir bewußt, daß der Schutz, den ihnen die Staatsgewalt zu gewähren hat, eine heilige Pflicht ist, deren Erfüllung getragen wird von der Erkenntniß der hohen Bedeutung des geistlichen Amtes. Die an Stelle der früheren Staatsgewalt von Sr. Majestät dem König von Preußen, als Oberbefehlshaber der deutschen Armee, für die drei De-partements des Elsaß niedergesetzte Regierung bringt der Kirche und ihren Organen Wohlwollen und Vertrauen entgegen, erwartet aber auch von ihnen, daß sie in Ausübung ihres wichtigen Amtes fort-fahren werden, den Frieden nach allen Seiten und den Gehorsam zu ehren, welcher der Obrigkeit gebührt. Uebergriffe der geistlichen Ge-walt in die weltliche werden nicht geduldet.

Als leitende Grundsätze der Verwaltung bringe ich hierdurch zur öffentlichen Kenntniß:

1) Die Verfassung der katholischen und protestantischen Kirche bleibt ohne jegliche Antastung bestehen. Insbesondere bleiben maß-gebend das Konkordat vom 15. Juli 1801, die organischen Artikel vom 8. April 1802 und das Gesetz vom 26. März 1852, nebst den in Ausführung derselben ergangenen Anordnungen und Instruktionen. Ingleichen bleiben dem israelitischen Kultus alle gesetzlichen Rechte und Einrichtungen ungeschmälert.

2) Alle Geistlichen und Diener der verschiedenen religiösen Be-kenntnisse bleiben in ihren Aemtern und Funktionen; es wird aber darauf gehalten werden, daß dieselben die Pflichten ihres Amtes, vor-züglich auch in Bezug auf den öffentlichen Kultus erfüllen.

3) Die Geistlichen haben ihre Gemeinden zur Ruhe und Ord-nung zu ermahnen und ihnen die Erschwerung ihrer Lage durch Widersetzlichkeiten zur Einsicht zu bringen.

4) Aufregende Predigten, Ansprachen oder andere gegen die be-stehende Staatsgewalt aufregende Handlungen, werden durch sofortige Entfernung der Geistlichen aus ihren Gemeinden und Entziehung des Einkommens aus den geistlichen Stellen geahndet, sofern nicht eine schwerere Strafe nach den Gesetzen und den für den Kriegszustand ge-gebenen Verordnungen eintritt.

5) Die von den Geistlichen aus der Staatskasse bisher bezogenen Gehälter werden auch ferner gewährt.

6) Die laufenden Geschäfte der kirchlichen Verwaltung, vorzüglich die sich auf das kirchliche Vermögen beziehenden, sind durch die dazu bestellten Organe nach den bestehenden Gesetzen fortzuführen.

Wo die Gesetze und Verordnungen die Mitwirkung der Ministe-rien in Anspruch nehmen, werden diese Funktionen durch den Civil-Kommissar wahrgenommen.

Hagenau, den 12. September 1870.

Der Civil-Kommissar im Elsaß.

von Kühlwetter, Regierungs-Präsident.

4.

Der General - Gouverneur im Elſaß, kraft der von Sr.
Majeſtät dem König Wilhelm von Preußen, als Oberfeldherrn
der deutſchen Armee ihm übertragenen Autorität, verordnet zur
Aufrechthaltung der inneren und äußern Sicherheit in den Departements des General-Gouvernements, wie folgt:

Art. 1. Wer der vorſätzlichen Brandſtiftung, der vorſätzlichen
Verurſachung einer Ueberſchwemmung, des in offener Gewalt und
mit Waffen oder gefährlichen Werkzeugen verübten Angriffs
oder Widerſtandes gegen das General-Gouvernement oder
Abgeordnete der Civil- oder Militärbehörden, des Auf-
ſtandes, der Plünderung, des Raubes, der Befreiung
eines Gefangenen oder der Verleitung der Soldaten zur
Untreue ſich ſchuldig macht, wird mit dem Tode beſtraft.

Sind mildernde Umſtände vorhanden, ſo wird auf Zuchthausſtrafe bis zu zwanzig Jahren erkannt.

Art. 2. Wer zu den im Art. 1 vorgeſehenen Verbrechen,
wenn auch ohne Erfolg, auffordert oder anreizt, hat Zuchthaus
bis zu zehn Jahren verwirkt. Hat die Aufforderung oder An-
reizung Erfolg gehabt, ſo kommt die Strafe des Art. 1 zur
Anwendung.

Art. 3. Wer in Beziehung auf die Kriegsoperationen oder
die politiſchen Ereigniſſe falſche oder entſtellte Thatſachen, Nachrichten, Gerüchte behauptet oder verbreitet, wird mit Gefängniß
bis zu einem Jahre und mit einer Geldbuße bis zu fünfhundert
Thalern (1875 Franken) beſtraft.

Hat die Behauptung oder Verbreitung Nachtheile für die
Truppen der verbündeten Mächte oder die von letzteren einge-
ſetzten Behörden und Beamten zur Folge gehabt, ſo wird der
Schuldige, inſofern nicht der Art. 10 dieſer Verordnung zur
Anwendung kommt, mit Zuchthausſtrafe bis zu zehn Jahren
belegt.

Art. 4. Wer unbefugt ſich mit der Ausübung eines
öffentlichen Amtes befaßt oder ſolche Handlungen vornimmt,
die nur in Kraft eines öffentlichen Amtes vorgenommen werden dürfen, ſoll mit Gefängniß bis zu fünf Jahren und mit
einer Geldbuße bis zu tauſend Thalern (3750 Franken) beſtraft
werden.

Art. 5. Wer Urkunden, Regiſter, Akten oder ſonſtige
Gegenſtände, welche ſich an einem öffentlichen Verwahrungs-
orte aufbewahrt finden, oder von einem Beamten auf Grund
ſeines Amtes oder der ihm ertheilten Dienſtvorſchriften zu ver-
wahren oder zu führen ſind, vorſätzlich vernichtet oder bei Seite
ſchafft, wird mit Gefängniß bis zu zwei Jahren und mit einer
Geldbuße bis zu tauſend Thalern (3750 Franken) beſtraft.

Art. 6. Wer die zur öffentlichen Bekanntmachung ange-
ſchlagenen Verordnungen, Befehle, Patente oder Anzeigen

öffentlicher Behörden oder Beamten vorsätzlich abreißt, beschädigt, befleckt oder verunstaltet, ist mit einer Geldbuße bis zu einhundert Thalern (575 Franken) oder mit Gefängniß bis zu sechs Monaten zu bestrafen.

Art. 7. Wer eine von einem zuständigen Militär-Befehlshaber einer anderen zuständigen Behörde im Interesse der öffentlichen Sicherheit erlassene Anordnung übertritt, oder zu solcher Uebertretung auffordert oder aufreizt, hat, wenn die betreffende Anordnung keine höhere Strafe festsetzt, Gefängniß bis zu einem Jahre - oder eine Geldbuße bis zu fünfhundert Thalern (1875 Franken) verwirkt.

Art. 8. Sämmtliche in den Artikeln 1—7 vorgesehenen Verbrechen und Vergehen gehören vor die Kriegsgerichte.

Art. 9. Außerdem werden vor diese Kriegsgerichte gezogen alle anderen Verbrechen und Vergehen gegen die innere und äußere Sicherheit eines der verbündeten deutschen Staaten oder derjenigen Gewalt, welche von ihnen im Bereiche der durch die deutsche Armee okkupirten französischen Landestheile eingesetzt ist; ferner die Verbrechen und Vergehen der thätlichen Widersetzung gegen Militär- und Civilbehörden oder deren Abgeordnete, des Mordes, der Falschmünzerei, der Erpressung, und sämmtliche von Militär- und Civilbeamten in Ausübung ihres Amtes verübten Verbrechen und Vergehen, so weit die letzteren nicht blos der Disziplinar-Ahndung anheimfallen.

Art. 10. Neben diesen Kriegsgerichten bleibt der bereits verkündete Militärgerichtsstand für alle diejenigen unverändert bestehen, welche den Truppen der deutschen Armee wissentlich Gefahr oder Nachtheil bereiten, oder der Armee und der Regierung Frankreichs wissentlich Vorschub leisten.

Demgemäß haben insbesondere, was hierdurch nochmals eingeschärft wird, alle diejenigen nicht zu den französischen Truppen gehörenden Personen die Todesstrafe verwirkt, welche a) der französischen Armee oder Regierung als Spione dienen oder französische Spione aufnehmen, beherbergen oder ihnen Beistand leisten, b) freiwillig als Wegführer den französischen Truppen die Wege zeigen, oder als solche die Truppen der deutschen Armee absichtlich auf falsche Wege leiten, c) zu den Truppen der deutschen Armee, oder zu deren Gefolge gehörende Personen absichtlich tödten, verwunden oder berauben, d) Brücken oder Kanäle zerstören, den Eisenbahn- oder Telegraphen-Verkehr stören, Wege unfahrbar machen, an Munitions-, Proviant- oder andern zu Kriegszwecken bestimmten Vorräthen oder an Quartieren der Truppen Feuer anlegen, e) gegen die deutschen Truppen die Waffen ergreifen.

Art. 11. Die Organisation der in den Artikeln 7 und 8 erwähnten Kriegsgerichte und das Verfahren von denselben wird in einer besonderen Verordnung geregelt werden, während für das summarisch kriegsrechtliche Verfahren in den Fällen des Art. 9 lediglich die Verordnung Sr. Majestät des Königs von Preußen vom 24. Juli 1867, betreffend das kriegsrechtliche Verfahren gegen Ausländer, maßgebend bleibt.

Art. 12. Diese Verordnung tritt unter Aufhebung aller in den Gesetzen des Landes sich vorfindenden entgegenstehenden Bestimmungen für jeden Kanton mit Ablauf des Tages in Kraft, an welchem die Anheftung im Hauptort des Kantons registrirt worden ist.

Hagenau, den 12. September 1870.

Der General-Gouverneur im Elsaß,

Graf v. Bismarck-Bohlen,

General-Lieutenant.

5.

Rheims, den 13. September 1870.

Für die Wünsche, die Sie Namens der freien Hansestadt Bremen in dem Telegramm vom 3. d. Mts. zu den unter Gottes Beistand erkämpften Siegen Mir gewidmet haben, sage Ich Ihnen Meinen Dank.

Wilhelm.

An den Präsidenten des Senats zu Bremen.

6.

Rheims, den 13. September 1870.

Durch die irrthümlichen Auffassungen über unser Verhältniß zu Frankreich, welche uns auch von befreundeten Seiten zukommen, bin ich veranlaßt, mich in Folgendem über die von den verbündeten deutschen Regierungen getheilten Ansichten Sr. Majestät des Königs auszusprechen.

Wir hatten in dem Plebiscit und den darauf folgenden scheinbar befriedigenden Zuständen in Frankreich die Bürgschaft des Friedens und den Ausdruck einer friedlichen Stimmung der französischen Nation zu sehen geglaubt. Die Ereignisse haben uns eines andern belehrt, wenigstens haben sie gezeigt, wie leicht diese Stimmung bei der französischen Nation in ihr Gegentheil umschlägt. Die der Einstimmigkeit nahe Mehrheit der Volksvertreter, des Senates und der Organe der öffentlichen Meinung in der Presse haben den Eroberungskrieg gegen uns so laut und nachdrücklich gefordert, daß der Muth zum Widerspruch den isolirten Freunden des Friedens fehlte, und daß der Kaiser Napoléon Sr. Majestät keine Unwahrheit gesagt haben dürfte, wenn er noch heut behauptet, daß der Stand der öffentlichen Meinung ihn zum Kriege gezwungen habe.

Angesichts dieser Thatsache dürfen wir unsere Garantien nicht in französischen Stimmungen suchen. Wir dürfen uns nicht darüber täuschen, daß wir uns in Folge dieses Krieges auf einen baldigen neuen Angriff von Frankreich und nicht auf einen dauerhaften Frieden gefaßt machen müssen, und das ganz unabhängig von den Bedingungen, welche wir etwa an Frankreich stellen möchten. Es ist die Niederlage an sich, es ist unsere siegreiche Abwehr ihres frevelhaften Angriffs, welche die französische Nation uns nie verzeihen wird. Wenn wir jetzt, ohne alle Gebietsabtretung, ohne jede Kontribution, ohne irgend welche Vortheile als den Ruhm unserer Waffen aus Frankreich abzögen, so würde doch derselbe Haß, dieselbe Rachsucht wegen der verletzten Eitelkeit und Herrschsucht in der französischen Nation zurückbleiben, und sie würde nur auf den Tag warten, wo sie hoffen dürfte, diese Gefühle mit Erfolg zur That zu machen. Es war nicht der Zweifel in die Gerechtigkeit unserer Sache, und nicht Besorgniß, daß wir nicht stark genug sein möchten, welche uns im Jahre 1867 von dem uns schon damals nahe genug gelegten Kriege abhielt, sondern die Scheu, gerade durch unsere Siege jene Leidenschaften aufzuregen und eine Aera gegenseitiger Erbitterung und immer erneuter Kriege heraufzubeschwören, während wir hofften, durch längere Dauer und aufmerksame Pflege der friedlichen Beziehungen beider Nationen eine feste Grundlage für eine Aera des Friedens und der Wohlfahrt beider zu gewinnen. Jetzt, nachdem man uns zu dem Kriege, dem wir widerstrebten, gezwungen hat, müssen wir dahin streben, für unsere Vertheidigung gegen den nächsten Angriff der Franzosen bessere Bürgschaften als die ihres Wohlwollens zu gewinnen.

Die Garantien, welche man nach dem Jahre 1815 gegen dieselben französischen Gelüste und für den europäischen Frieden in der heiligen Allianz und anderen im europäischen Interesse getroffenen Einrichtungen gesucht hat, haben im Laufe der Zeit ihre Wirksamkeit und Bedeutung verloren; so daß Deutschland allein sich schließlich Frankreichs hat erwehren müssen, nur auf seine eigene Kraft und seine eigenen Hülfsmittel angewiesen. Eine solche Anstrengung, wie die heutige, darf der deutschen Nation nicht dauernd von neuem angesonnen werden; und wir sind daher gezwungen, materielle Bürgschaften und die Sicherheit Deutschlands gegen Frankreichs künftige Angriffe zu erstreben, Bürgschaften zugleich für den europäischen Frieden, der von Deutschland eine Störung nicht zu befürchten hat. Diese Bürgschaften haben wir nicht von einer vorübergehenden Regierung Frankreichs, sondern von der französischen Nation zu fordern, welche gezeigt hat, daß sie jeder Herrschaft in den Krieg gegen uns zu folgen bereit ist, wie die Reihe der seit Jahrhunderten von Frankreich gegen Deutschland geführten Angriffskriege unwiderleglich darthut.

Wir können deshalb unsere Forderungen für den Frieden lediglich darauf richten, für Frankreich den nächsten Angriff auf die deutsche und namentlich die bisher schutzlose süddeutsche

Grenze dadurch zu erschweren, daß wir diese Grenze und damit den Ausgangspunkt französischer Angriffe weiter zurückzulegen und die Festungen, mit denen Frankreich uns bedroht, als defensive Bollwerke in die Gewalt Deutschlands zu bringen suchen. Euere 2c. wollen Sich, wenn Sie befragt werden, in diesem Sinne aussprechen.

v. Bismarck..

7.

Rheims, 14. September, 12 Uhr Mittags.

An den Magistrat und die Stadtverordneten zu Berlin.

Dem Wunsche, daß die von der braven Armee mit Gottes Hülfe errungenen Siege Deutschland dauernd die Segnungen des Friedens bringen mögen, beistimmend, erwiedere Ich herzlich und dankend die Grüße, welche Meine treue Haupt- und Residenzstadt Berlin Mir durch die Adresse des Magistrats und der Stadtverordneten vom 4. d. Mts. übersandt hat.

Wilhelm.

8.

Allerhöchste Kabinetsordre.

Ich bestimme hierdurch: Die von der Armee okkupirten Bezirke, welche den General-Gouvernements im Elsaß und in Lothringen nicht zugewiesen sind, werden unter die Verwaltung eines »General-Gouvernements zu Rheims« gestellt. Zum General-Gouverneur zu Rheims ernenne Ich den General der Infanterie und kommandirenden Generals des 13. Armee-Corps, Großherzog von Mecklenburg-Schwerin Königliche Hoheit. Das Kriegs-Ministerium hat in Gemeinschaft mit dem Kanzler des Norddeutschen Bundes, auf Grund der von Mir für die General-Gouverneure okkupirter feindlicher Landestheile genehmigten Instruktion vom 21. August 1870, das General-Gouvernement zu Rheims mit den nöthigen Anweisungen zu versehen, auch die Grenzen desselben vorläufig festzustellen.

Haupt-Quartier Meaux, den 16. September 1870.

Wilhelm.

An das Kriegs-Ministerium.
Nr. 857. St. d. K.-M.

· v. Roon.

9.

Meaux, den 16. September 1870.

Euerer 2c. ist das Schriftstück bekannt, welches Herr Jules Favre im Namen der jetzigen Machthaber in Paris, welche sich selbst das Gouvernement de la défense nationale nennen, an die Vertreter Frankreichs im Auslande gerichtet hat.

Gleichzeitig ist es zu meiner Kenntniß gekommen, daß Herr Thiers eine vertrauliche Mission an einige auswärtige Höfe übernommen hat, und ich darf voraussetzen, daß er es sich zur Aufgabe machen wird, einerseits den Glauben an die Friedens- liebe der jetzigen pariser Regierung zu erwecken, andererseits die Intervention der neutralen Mächte zu Gunsten eines Friedens zu erbitten, welcher Deutschland der Früchte seines Sieges be- rauben und jeder Friedensbasis, welche eine Erschwerung des nächsten französischen Angriffs auf Deutschland enthalten könnte, vorbeugen soll.

An die ernstliche Absicht der jetzigen pariser Regierung, dem Kriege ein Ende zu machen, können wir nicht glauben, so lange dieselbe im Innern fortfährt, durch ihre Sprache und ihre Akte die Volksleidenschaft aufzustacheln, den Haß und die Erbitterung der durch die Leiden des Krieges an sich gereizten Bevölkerung zu steigern, und jede für Deutschland annehmbare Basis als für Frankreich unannehmbar im voraus zu ver- dammen. Sie macht sich dadurch selbst den Frieden unmöglich, auf den sie durch eine ruhige und dem Ernst der Situation Rechnung tragende Sprache das Volk vorbereiten müßte, wenn wir annehmen sollten, daß sie ehrliche Friedensverhandlungen mit uns beabsichtige. Die Zumuthung, daß wir jetzt einen Waffenstillstand ohne jede Sicherheit für unsere Friedensbedin- gungen abschließen sollten, könnte nur dann ernsthaft gemeint sein, wenn man bei uns Mangel an militärischem und politi- schem Urtheil oder Gleichgültigkeit gegen die Interessen Deutsch- lands voraussetzt.

Daneben besteht ein wesentliches Hinderniß für die Fran- zosen, die Nothwendigkeit des Friedens mit Deutschland ernst- lich ins Auge zu fassen, in der von den jetzigen Machthabern genährten Hoffnung auf eine diplomatische oder materielle Intervention der neutralen Mächte zu Gunsten Frankreichs. Kommt die französische Nation zur Ueberzeugung, daß, wie sie allein den Krieg willkürlich heraufbeschworen hat, und wie Deutschland ihn allein hat auskämpfen müssen, so sie auch mit Deutschland allein ihre Rechnung abschließen muß, so wird sie dem jetzt sicher nutzlosen Widerstande bald ein Ende machen. Es ist eine Grausamkeit der Neutralen gegen die französische Nation, wenn sie zulassen, daß die pariser Regierung im Volke unerfüllbare Hoffnungen auf Intervention nähre und dadurch den Kampf verlängere.

Wir sind fern von jeder Neigung zur Einmischung in die inneren Verhältnisse Frankreichs. Was für eine Regierung sich die französische Nation geben will, ist für uns gleichgültig. Formell ist die Regierung des Kaisers Napoléon bisher die allein von uns anerkannte. Unsere Friedensbedingungen, mit welcher zur Sache legitimirten Regierung wir dieselben auch mögen zu verhandeln haben, sind ganz unabhängig von der Frage, wie und von wem die französische Nation regiert wird, sie sind uns durch die Natur der Dinge und das Gesetz der Nothwehr gegen ein gewaltthätiges und fried-

loſes Nachbarvolk vorgeſchrieben. Die einmüthige Stimme
der deutſchen Regierungen und des deutſchen Volkes
verlangt, daß Deutſchland gegen die Bedrohungen und Vergewaltigungen, welche von allen franzöſiſchen Regierungen ſeit
Jahrhunderten gegen uns geübt wurden, durch beſſere Grenzen
als bisher geſchützt werde. So lange Frankreich im Beſitz von
Straßburg und Metz bleibt, iſt ſeine Offenſive ſtrategiſch ſtärker als
unſere Defenſive bezüglich des ganzen Südens und des linksrheini-
ſchen Nordens von Deutſchland. Straßburg iſt, im Beſitze Frankreichs, eine ſtets offene Ausfallpforte gegen Süddeutſchland. In
deutſchem Beſitze gewinnen Straßburg und Metz dagegen einen defen-
ſiven Charakter; wir ſind in mehr als 20 Kriegen niemals die An-
greifer gegen Frankreich geweſen, und wir haben von letzterem
nichts zu begehren als unſere von ihm ſo oft gefährdete Sicherheit im eigenen Lande. Frankreich dagegen wird jeden jetzt
zu ſchließenden Frieden nur als einen Waffenſtillſtand anſehen
und uns, um Rache für ſeine jetzige Niederlage zu nehmen,
ebenſo händelſüchtig und ruchlos wie in dieſem Jahre, wiederum
angreifen, ſobald es ſich durch eigene Kraft oder fremde Bünd-
niſſe ſtark genug dazu fühlt.

Indem wir Frankreich, von deſſen Initiative allein jede
bisherige Beunruhigung Europas ausgegangen iſt, das Ergreifen der Offenſive erſchweren, handeln wir zugleich im europäiſchen Intereſſe, welches das des Friedens iſt. Von Deutſchland iſt keine Störung des europäiſchen Friedens zu befürchten;
nachdem uns der Krieg, dem wir mit Sorgfalt und mit Ueber-
windung unſeres durch Frankreich ohne Unterlaß herausgeforderten
nationalen Selbſtgefühls vier Jahre lang aus dem Wege ge-
gangen ſind, trotz unſerer Friedensliebe, aufgezwungen worden
iſt, wollen wir zukünftige Sicherheit als den Preis der gewal-
tigen Anſtrengungen fordern, die wir zu unſerer Vertheidigung
haben machen müſſen. Niemand wird uns Mangel an Mäßigung vorwerfen können, wenn wir dieſe gerechte und billige
Forderung feſthalten.

Euere ꝛc. bitte ich, Sich von dieſen Gedanken zu durch-
bringen und dieſelben in Ihren Beſprechungen mit zur Gel-
tung zu bringen.

v. Bismarck.

10.

Von der Armee vor Paris.

Hauptquartier vom 20. September.

Nach den vorbereitenden Bewegungen der letzten Tage
iſt am 19. durch einen Vormarſch ſämmtlicher Corps die
vollſtändige Cernirung von Paris ausgeführt worden. Se.
Majeſtät der König rekognoszirten im Laufe des Tages
die Nordoſt-Front der Befeſtigungen.

von Podbielski.

3*

Versailles, den 20. September.

An Ihre Majestät die Königin.

Die Einschließung von Paris auf der Linie Versailles bis bei Vincennes siegreich durch meine Armee unter Zurückwerfung des Feindes und Eroberung einer Schanze mit 7 Geschützen ausgeführt. Verluste gering.

Friedrich Wilhelm.

Ferrières, 20. September.

Bei der Cernirung von Paris folgende siegreiche Gefechte: Am 17. warfen Theile der 17. Brigade feindliche Bataillone nördlich des Waldes von Brevannes über den Haufen.

Am 18. kleines Gefecht bei Bicêtre.

Am 19. Zurückwerfung des Feindes aus der verschanzten Stellung daselbst durch 5. preußisches und 2. bayerisches Corps bis hinter die Forts, wobei ihm 7 Geschütze abgenommen wurden. Diesseitige Verluste verhältnißmäßig sehr gering.

In Versailles 2000 Mobilgarden gefangen.

Sèvres, das diesseits Garnison verlangte, wurde besetzt.

von Podbielski.

11.

Versailles, den 20. September.

An Ihre Majestät die Königin.

Gestern früh die Meldung, daß die feindliche Position nördlich St. Dénis bei Pierrefitte beim Erscheinen unserer Truppen verlassen ist.

Soeben die Meldung, daß gestern Nachmittag das 5. Corps und das 2. bayerische Corps nach Seine-Uebergang bei Villeneuve St. Georges südlich Paris drei Divisionen des Generals Vinoy auf den Höhen von Sceaux angegriffen, mit Verlust von 7 Kanonen und vielen Gefangenen geschlagen und hinter die Forts auf Paris zurückgetrieben haben. Mein 7. Regiment wieder viel Verluste. Fritz war zugegen. Das Wetter ist seit 8 Tagen prächtig.

Wilhelm.

12.

Lünette 53; heute Nachmittag 4½ Uhr vom Lieutenant von Müller des Garde-Füsilier-Regiments mit Mannschaften des Garde-Landwehr-Bataillons Cottbus durch überraschenden Angriff über den eben fertig gewordenen Damm genommen. Der Feind eröffnete ein äußerst lebhaftes Infanterie-Feuer, was gegen 8 Uhr zum Schweigen gebracht ward.

von Werder.

13.

Mundolsheim, 22. September.

Gestern Nacht um 11 Uhr wurde nach Lünette 52, die ver=
lassen war, eine Faßbrücke geschlagen und das Werk besetzt.
Beim Einlogiren eröffnete der Feind auf das Werk ein sehr
starkes Feuer. Das 34. Regiment und eine Compagnie Garde-
Landwehr (Lissa) behaupteten sich jedoch und logirten sich ein.
Major von Quitzow todt, die Verluste noch nicht ermittelt,
aber nicht unbedeutend. In Lünette 53 sind 5 Kanonen genommen.

von Werder.

14.

Von dem Belagerungs-Corps vor Straßburg.

Mundolsheim, den 22. September. Lünette 52 ist behauptet und mit 7pfünd. Mörsern armirt. 6 feindliche Zwölf-
pfünder erbeutet. In Lünette 53 ebenfalls Mörser=Batterie
errichtet. Das Couronnement mit 8 Sechspfündern besetzt. Verlust vergangene Nacht beträgt 1 Offizier, 7 Mann todt, 4 Offiziere, 30 Mann verwundet.

von Werder.

15.

Ferrières, 23. September.

Vor Paris nichts Neues. Pariser Journale vom 22.
gestehen über den Kampf am 19. ein, daß 4 französische Li-
nien-Divisionen an demselben Theil genommen, in voller
Flucht zurückgegangen sind, und die Panique bis in das Innere der Stadt hinein getragen haben. Sie erheben gleichzeitig die Mobilgarde, die nichts gethan hat, auf Kosten der
Linie, welche sie mit Schmähungen überhäufen.

Soeben meldet Großherzog von Mecklenburg: Toul hat
sich heut um 5½ Uhr nach achtstündiger Beschießung mit den
Bedingungen der Kapitulation von Sedan ergeben.

von Podbielski.

16.
Kapitulation von Toul.

Zwischen den Unterzeichneten:

dem Obersten und Chef des Generalstabes von Krenski, Bevollmächtigten Sr. Königlichen Hoheit des Großherzogs von Mecklenburg-Schwerin, kommandirenden General des 13. preußischen Armee-Corps, und

dem Gouverneur der Festung Toul, Escadrons-Chef Huck, ist die folgende Konvention abgeschlossen worden:

Art. 1. Die Festung Toul mit allem zur Zeit darin befindlichen Kriegsmaterial wird ungesäumt an Se. Königliche Hoheit den Großherzog von Mecklenburg-Schwerin übergeben.

Art. 2. Die Garnison von Toul wird kriegsgefangen mit allen Mannschaften, welche, gleichviel ob militärisch uniformirt oder nicht, während der Vertheidigung die Waffen getragen haben, ausgenommen nur diejenigen Mobil- und Nationalgarden, welche bereits vor Ausbruch dieses Krieges Bewohner der Stadt waren.

Art. 3. In Anbetracht der tapfern sechswöchentlichen Vertheidigung dieser Festung gegen eine überlegene Macht sind von der Kriegsgefangenschaft ausgenommen alle Offiziere und mit dem Offizierrang bekleideten höheren Beamten, welche sich auf Ehrenwort schriftlich verpflichten werden, bis zur Beendigung des gegenwärtigen Krieges die Waffen gegen Deutschland nicht zu tragen, noch dessen sonstigen Interessen in irgend einer Weise zuwider zu handeln. Die Offiziere und Beamten, welche diese Bedingungen annehmen, werden ihre Waffen, Pferde und sonst ihnen gehörigen Gegenstände behalten.

Art. 4. Die Garnison wird unmittelbar nach Abschluß dieser Konvention ohne Waffen auf das Glacis vor die Porte de France geführt, wo sich auch die Offiziere auf der nach dem Bahnhof führenden Straße aufstellen.

Art. 5. Das Inventar des Kriegsmaterials, bestehend aus Fahnen (Adlern), Geschützen, Waffen, Pferden, Kriegskassen, militärischen Ausrüstungsgegenständen, wird noch am heutigen Abend an den preußischen Ingenieur-Major Schumann übergeben.

Art. 6. Mit Rücksicht auf den bedauerlichen Vorfall (accident facheux), welcher sich bei Gelegenheit der Kapitulation von Laon ereignet, wird bestimmt, daß, wenn Aehnliches beim Einzuge der deutschen Truppen in die Festung Toul vorkommen sollte, mit der ganzen Garnison nach dem Belieben (à la merci) Sr. Königlichen Hoheit des Großherzogs von Mecklenburg verfahren werden wird.

Art. 7. Die Militär-Aerzte ohne Ausnahme werden zur Pflege der Verwundeten zurückbleiben.

Verhandelt zu Toul, auf dem Glacis vor der porte de France, am 23. September, 7 Uhr Abends.

v. Krenski.   E. Huck.

17.
Ecrouves, 24. September.

Durch die Kapitulation von Toul sind 109 Offiziere, 2240 Mann, 120 Pferde, 1 Mobilgarden-Adler, 197 Bronze-Geschütze, darunter 48 gezogene, 3000 Gewehre, 3000 Säbel, 500 Kürasse, sehr bedeutende Munitions- und Ausrüstungs-Vorräthe, 143,025 Tages-Portionen und 51,949 Tages-Rationen in unsere Hände gefallen.

v. Krenski.

18.

Berlin, den 26. September 1870.

Nachdem die französischen Machthaber den Waffenstillstand abgelehnt und Paris zum Schauplatze des Krieges gemacht haben, und nachdem eine anerkannte Regierung in Paris nicht besteht, auch die faktische dem Vernehmen nach nach Tours verlegt ist, beehrt sich der Unterzeichnete Ew.... ganz ergebenst zu benachrichtigen, daß die Sicherheit des Verkehrs nach, aus und in Paris nur noch nach Maßgabe der militärischen Ereignisse besteht.

Der Unterzeichnete benutzt den Anlaß, dem Herrn.... den Ausdruck seiner ausgezeichnetsten Hochachtung zu erneuern.

von Thile.

19.

Se. Majestät der König von Preußen, Ober-Befehlshaber der deutschen Armeen, hat Mich zum General-Gouverneur derjenigen von den verbündeten Truppen besetzten Gebiete ernannt, welche nicht den General-Gouverneuren von Lothringen und Elsaß unterstellt sind.

Durchdrungen von der Schwierigkeit Meiner Aufgabe, bin Ich entschlossen, dieselbe mit Festigkeit und Wohlwollen durchzuführen. Um aber die Wohlfahrt der Bewohner dieser Lande soviel als möglich mit den Aufgaben der Verwaltung in Einklang bringen zu können, wünsche Ich auf die Mitwirkung aller Klassen der Bevölkerung rechnen zu dürfen.

Der Ernst der Lage kann von Niemandem verkannt werden. Er giebt Mir das Recht, zu erwarten, daß Jedermann Meine Bemühungen unterstützen wird, damit Ich der Nothwendigkeit überhoben bleibe, Maßregeln zu ergreifen, deren Abwendung in die Hand der Bevölkerung gelegt ist.

Rheims, 27. September 1870.

Der General-Gouverneur,

Friedrich Franz,

Großherzog von Mecklenburg-Schwerin.

Kommandirender General des 13. Armee-Corps.

20.

Der Königin Augusta in Berlin.

Ferrières, 27. September, 11 Uhr Abends.

Straßburg kapitulirte heute Abend um 9 Uhr.

Wilhelm.

21.

Berlin, den 27. September 1870.

In der Sitzung des gesetzgebenden Körpers vom 1. September hat der damalige Minister der auswärtigen Angelegenheiten, Prinz Latour d'Auvergne, zwei Cirkulare verlesen, in welchen den deutschen Truppen vielfache Verletzungen des allgemeinen, wie des vertragsmäßigen Völkerrechts Schuld gegeben werden. Deutsche Truppen, so wird darin behauptet, hätten sich Feindseligkeiten gegen französische Ambulancen erlaubt; den Baron de Bussierre, inmitten einer von ihm organisirten Ambulance, zum Gefangenen gemacht, sich explosibler Flintenkugeln bedient; Bauern aus der Umgegend von Straßburg gezwungen, im Bereich des Feuers der Festung an den Laufgräben zu arbeiten; Proviant und Munitionszüge und Kassenwagen durch das in der genfer Konvention vorgeschriebene Abzeichen zu decken gesucht; endlich sei ein französischer Arzt von einem preußischen Soldaten, während er denselben verbunden, getödtet worden! So vollkommen ich von der Unrichtigkeit aller dieser Angaben a priori überzeugt war, so habe ich doch, mit Rücksicht auf den Namen, welcher denselben sein Gewicht geliehen hatte, mich nicht auf die Versicherung, daß dergleichen Vorkommnisse unmöglich seien, beschränken wollen, sondern Ermittelungen darüber veranlaßt, ob irgend etwas vorgekommen sei, was durch unzuverlässige oder böswillige Berichterstatter zu den behaupteten Ungeheuerlichkeiten hätte entstellt werden mögen. Solche Ermittelungen hatten freilich eine um so größere Schwierigkeit, als die Behauptungen des französischen Herrn Ministers sowohl in Betreff der näheren Umstände als der Beglaubigung in einer für amtliche Aeußerungen so ernster Natur ungewöhnlich vagen Weise gehalten sind. Vollständige Angabe von Namen, Ort und Zeit fehlt überall. Zur Bewahrheitung wird in den meisten Fällen die Notorietät angerufen, was so viel sagen will, wie die französischen Zeitungen, deren Glaubwürdigkeit ich wahrlich nicht zu charakterisiren brauche. In den beiden Fällen, wo auf Zeugen oder Zeugnisse Bezug genommen wird, in Betreff der explosibeln Kugeln und der zwangsweisen Verwendung elsässischer Bauern in den Laufgräben, werden weder der Inhalt des Zeugnisses, noch auch nur die Namen der Zeugen oder Berichterstatter mitgetheilt. Die diesseits angestellten Ermittelungen haben nur für eine einzige der gegen die deutschen Truppen erhobenen Beschuldigungen einen faktischen, freilich arg entstellten Anhalt ergeben. Es ist richtig, daß der Baron de Buissierre verhaftet ist und daß er sich mit der Pflege der Verwundeten zu thun gemacht hat. Die Verhaftung ist aber nicht inmitten einer Ambulance erfolgt; sie wurde veranlaßt durch den Verdacht, daß der Genannte Einverständnisse mit der Besatzung von Straßburg unterhielte; und sie ist, gleich der demnächstigen Internirung, mit allen seiner Stellung und seinem ehrenhaften Rufe gebührenden Rücksicht ausgeführt worden. Ueber die Dauer der Haft konnten die militärischen Erwägungen allein entscheidend sein. Alle übrigen Behauptungen der beiden Cirkulare habe ich als vollständig erfunden zu bezeichnen, und der französischen Regierung gegenüber bleibt abzuwarten, ob und wie sie versuchen wird, die ihr obliegende Pflicht der Erhärtung in einer Weise zu erfüllen, die nach den sich häufenden Erfahrungen über die Zuverlässigkeit offizieller französischer Versicherungen Anspruch auf Beachtung machen kann. Mit Rücksicht auf die anderen Mächte, welche an der genfer Konvention und an der petersburger Deklaration vom 29. November (11. Dezember) 1868 betheiligt sind, füge ich die positive Versicherung hinzu, daß jene Konvention von den deutschen Truppen in der sorgsamsten Weise ausgeführt worden ist, und daß explosible Geschosse für Handfeuerwaffen oder von weniger als 400 Grammes Gewicht im ganzen deutschen Heere nicht vorhanden sind.

Dagegen liegen reichlich beglaubigte Thatsachen der erstaunlichsten Art darüber vor, wie die französische Regierung das genfer Abkommen ausgeführt oder vielmehr nicht ausgeführt hat, dessen Zustandekommen sie, wie der Prinz Latour d'Auvergne mit Recht hervorhebt, mit ganz besonderem Eifer betrieben hat. Die deutschen Aerzte, welche nach der Schlacht bei Weißenburg in den unter den General - Aerzten Böger und Wilms stehenden Lazarethen französische Verwundete zu behandeln hatten, überzeugten sich, daß die Letzteren, mit seltenen Ausnahmen, die Bedeutung der weißen Binde mit dem rothen Kreuze gar nicht kannten. Höhere französische Militärärzte, die sich demnächst in denselben Lazarethen einfanden, um nach ihren Landsleuten zu sehen, waren genöthigt gewesen, sich das schützende Abzeichen aus dem ersten besten Material nothdürftig selbst herzustellen, und gaben dem Fürsten Putbus, Delegirten der Johanniter, die bestimmte Versicherung, daß das französische Kriegsministerium den Aerzten weder die genfer Binde geliefert, noch sie zur Anlegung derselben angewiesen habe. Später haben gefangene französische Offiziere übereinstimmend bekundet, daß die genfer Konvention und die aus derselben folgenden Vorschriften über die Behandlung der Ambulancen, der Aerzte und der Verwundeten gar nicht in der französischen Armee bekannt geworden seien. Und wie nöthig wäre gerade für diese Armee eine besonders sorgfältige Belehrung gewesen, da die französische Regierung es mit der Humanität, welche das Cirkular vom 30. August als den Grund ihres Eifers für die genfer Konvention bezeichnet, verträglich gefunden hat, die aus dem Abschaum der städtischen Bevölkerung Nordafrikas angeworbenen Turcos gegen uns in das Feld zu führen! Welche Folgen die Unterlassung einer solchen Belehrung gehabt hat, behalte ich mir vor, durch amtliche Protokolle nachzuweisen.

Man kann nach alle dem in den beiden Cirkularen vom 30. August nichts Anderes sehen, als einen Versuch, unserem Protest vom 26. August wegen flagranter Verletzung der Parlamentärflagge und den ferneren Protesten, deren man sich zu versehen Grund hatte, durch aus den Zeitungen zusammengeraffte Gegenbeschuldigungen für den Augenblick die Schneide zu nehmen.

Eure ... ersuche ich ergebenst, dem Herrn Minister der auswärtigen Angelegenheiten gefälligst eine Abschrift, beziehungsweise Uebersetzung dieses Erlasses mittheilen zu wollen.

Der Kanzler des Norddeutschen Bundes.
In Vertretung:
von Thile.

22.

Mundolsheim, den 28. September.
An Ihre Majestät die Königin. Berlin.

Soeben, Nachts 2 Uhr, Kapitulation Straßburgs durch Oberst-Lieutenant von Leszczynski abgeschlossen.

451 Offiziere, 17,000 Mann inkl. National-Garden strecken die Waffen.

Um 8 Uhr werden Straßburgs Thore besetzt.

von Werder.

23.

Kapitulation von Straßburg.

Der Königlich preußische General-Lieutenant v. Werder, Commandeur des Belagerungscorps vor Straßburg, aufgefordert vom General-Lieutenant Uhrich, Gouverneur von Straßburg, die Feindseligkeiten gegen die Festung einzustellen, ist mit demselben dahin übereingekommen, in Anbetracht der ehrenvollen und tapferen Vertheidigung dieses Platzes, folgende Kapitulation zu schließen:

Art. 1.

Um 8 Uhr Morgens den 28. September 1870 räumt General-Lieutenant Uhrich die Citadelle, das Austerlitzer-, Fischer- und National-Thor.

Zu gleicher Zeit werden die deutschen Truppen diese Punkte besetzen.

Art. 2.

Um 11 Uhr desselben Tages verläßt die französische Besatzung inkl. Mobil- und Nationalgarden durch das National-

Thor die Festung, marschirt zwischen Lünette 44 und Redoute 37 auf und legt daselbst die Waffen nieder.

Art. 3.

Die Linientruppen und Mobilgarden werden kriegsgefangen und marschiren mit ihrem Gepäck sofort ab. Die National-garden und Franktireurs sind frei gegen Revers und haben die Waffen bis um 11 Uhr früh auf der Mairie abzulegen.

Die Listen der Offiziere dieser Truppen werden um diese Stunde dem General von Werder übergeben.

Art. 4.

Die Offiziere und die im Offizier-Rang stehenden Beamten sämmtlicher Truppen der französischen Besatzung Straßburgs können nach einem von ihnen zu wählenden Aufenthaltsort abreisen, wenn sie einen Revers auf Ehrenwort ausstellen.

Das Formular desselben ist dieser Verhandlung bei-geschlossen.

Diejenigen Offiziere, welche diesen Revers'schein nicht aus-stellen, gehen mit der Besatzung als Kriegsgefangene nach Deutschland.

Die sämmtlichen französischen Militär-Aerzte verbleiben bis auf Weiteres in ihren Funktionen.

Art. 5.

General-Lieutenant Uhrich verpflichtet sich, gleich nach voll-zogener Niederlegung der Waffen sämmtliche militärische Be-stände und sämmtliche Staatskassen u. s. w. in ordnungs-mäßiger Weise durch die entsprechenden Beamten den diesseitigen Organen zu übergeben.

Die Offiziere und Beamten, welche hiermit von beiden Seiten beauftragt sind, finden sich am 28. 12 Uhr Mittags auf dem Broglie-Platz in Straßburg ein.

Die Kapitulation wurde ausgefertigt und unterschrieben durch folgende Bevollmächtigte: durch den Chef des General-stabes des Belagerungs-Corps Oberst-Lieutenant v. Leszczynski, durch den Rittmeister und Adjutanten Grafen Henckel v. Don-nersmark deutscher Seits, und französischer Seits durch Oberst Ducasse, Kommandanten von Straßburg, und Oberst-Lieute-nant Mangin, Sous-Directeur de l'Artillerie.

Vorgelesen, genehmigt und unterschrieben.

v. Leszczynski,   Ducasse.
Oberst-Lieutenant und Chef des   Mangin.
Generalstabs.

Graf Henckel v. Donnersmark,
Rittmeister u. Adjutant.

Der Protokollführer:
Freihr. v. La Roche,
Premier-Lieutenant.

Bestätigt.
Mundolsheim, den 28. September 1870.

v. Werder,
General-Lieutenant.

44

24.
Allerhöchster Erlaß.

Auf Ihren Bericht vom 24. September d. J. genehmige Ich, daß in Gemäßheit des Gesetzes vom 9. November 1867, betreffend den außerordentlichen Geldbedarf des Norddeutschen Bundes zum Zwecke der Erweiterung der Bundes-Kriegsmarine und der Herstellung der Küstenvertheidigung (Bundes-Gesetzblatt vom Jahre 1867, S. 157 ff.), und des Gesetzes vom 20. Mai v. J. wegen Abänderung des vorbezeichneten Gesetzes (Bundes-Gesetzblatt vom Jahre 1869, S. 137) verzinsliche Schatzanweisungen im Gesammtbetrage von sechs Millionen fünfmalhundert Tausend Thalern und zwar in Abschnitten von je Einhundert Thalern, Eintausend Thalern und Zehntausend Thalern ausgegeben werden. Zugleich ermächtige Ich Sie, den Zinsfatz dieser Schatzanweisungen und die Dauer ihrer Umlaufszeit, welche den Zeitraum eines Jahres nicht überschreiten darf, den Verhältnissen entsprechend, nach Ihrem Ermessen zu bestimmen und zur öffentlichen Kenntniß zu bringen. Ich überlasse Ihnen, die preußische Hauptverwaltung der Staatsschulden mit näherer Anweisung zu versehen und diesen Meinen Erlaß durch das Bundes-Gesetzblatt bekannt zu machen.

H.-O. Ferrières, den 30. September 1870.

Wilhelm.

Gr. v. Bismarck-Schönhausen.

An den Kanzler des Norddeutschen Bundes.

25.

Wenn Ich auch immer die Glückwünsche, die Berlin Mir darbringt, dankbar empfange, so fühle Ich doch, daß im gegenwärtigen Augenblicke eine tiefere Beziehung zwischen der Stadt und Mir besteht, der auch Ich den geeigneten Ausdruck zu geben wünsche. Angst und Freude theilen, mit erneuten Kräften helfen und den ganzen Ernst der Zeit in gleicher Weise würdigen, ist in dem Maße nur bei uns möglich, wo das feste Band der Vaterlandsliebe Alle umfaßt und keine Trennung gestattet. Es wird Mir stets als erstes Vorrecht Meiner Stellung erscheinen, daß es in diesem Wendepunkte unserer Geschichte Mir vergönnt war, inmitten einer Bevölkerung zu wirken, die in ihrer Opferfreudigkeit unermüdlich, nur das Wohl des Ganzen im Auge hat. Möge bald ein segensreicher Friede die gemeinsamen Anstrengungen krönen. Auch in diesem Wunsche fühlen wir uns Alle vereint.

Berlin, den 1. Oktober 1870. **Augusta.**

An den Magistrat und die Stadtverordneten in Berlin.

26.

Ich habe die Glückwünsche der Stadt Coblenz dankbar empfangen. Als am 14. Juli der König die Rheinanlagen besuchte, hoffte er noch den Frieden zu erhalten. Er war umringt von Vielen und kein Auge war trocken. Dies war der Anfang einer großen Zeit! Die »Wacht am Rhein« begleitete ihn hinüber, dem ernsten Wendepunkt entgegen. — Am nächsten Tage war der Krieg erklärt; was darauf folgte, gehört der Geschichte an. — Solche Eindrücke sind unvergeßlich und erhöhen in unsern Augen den Werth einer Treue, mit welcher die Söhne des Rheinlandes kämpfen und das Rheinland selbst opferfreudig bleibt. Diese Treue hat sich auch Mir kundgegeben und deßhalb ist der Glückwunsch der Stadt die Veranlassung zu Meinem herzlichen Danke. Gott helfe weiter zu einem gesegneten Frieden.

Berlin, den 1. Oktober 1870.   Augusta.

27.

Voll Dankbarkeit erwiedere Ich die Glückwünsche, welche Mir die Vertreter von Cassel zu Meinem Geburtstage dargebracht haben. Es war Meine Absicht, die Stadt in diesem Jahre zur Ausstellung zu besuchen. Große und ernste Ereignisse haben Mich daran verhindert, doch hoffe Ich, bei einer späteren Gelegenheit den Besuch nachzuholen und die Stadt kennen zu lernen, deren Söhne sich auch in dieser Zeit als echte deutsche Männer bewährt haben.

Berlin, den 1. Oktober 1870.   Augusta.

An den Ober-Bürgermeister und den Stadtrath
  in Cassel.

28.

Die Glückwünsche, welche das deutsche Central-Komité der Vereine zur Pflege im Felde verwundeter und erkrankter Krieger Mir zum Geburtstag dargebracht hat, sind für Mich um so bedeutungsvoller, da sich darin gleichsam das Bild der gemeinsamen Anstrengungen wiederspiegelt, welche in dieser großen Zeit die ganze Nation verbinden. Ich spreche dem Komité daher Meinen aufrichtigen Dank aus. Es wird Mir stets unvergeßlich sein, mit welcher Opferfreudigkeit die Mitglieder desselben für das große allgemeine Werk gearbeitet haben, um die von allen Seiten dargebotene Hülfe zusammen zu fassen und auf den richtigen Punkt zu leiten. Auch auf diese Organisation kann Deutschland stolz sein.

Berlin, den 1. Oktober 1870.

                        Augusta.

Mit besonderem Danke nehme Ich die Glückwünsche der Aeltesten der Berliner Kaufmannschaft entgegen, die Mich in dieser ernsten Zeit um so mehr erfreuen, da sie Mir die großartigen Beweise von Aufopferung und Patriotismus vor Augen führen, welche die hiesige Kaufmannschaft auch jetzt wieder gegeben hat. Möge die Hoffnung, die wir Alle hegen, auf einen segensreichen, ehrenvollen Frieden sich bald erfüllen.

Berlin, den 1. Oktober 1870.   Augusta.

30.

Ferrières, den 1. Oktober 1870.

Den Zeitungen zufolge ist von Seiten der sich in Tours aufhaltenden Abtheilung der französischen Regierung eine amtliche Bekanntmachung erlassen, laut deren der Unterzeichnete dem Herrn Favre erklärt haben soll, »Preußen wolle den Krieg fortsetzen und Frankreich auf den Stand einer Macht zweiten Ranges zurückführen.« Wenn auch eine solche Aeußerung nur in den Kreisen auf eine Wirkung berechnet sein kann, welche weder mit der üblichen Sprache internationaler Verhandlungen, noch mit der Geographie Frankreichs näher bekannt sind, so veranlaßt mich doch der Umstand, daß jene amtliche Bekanntmachung die Unterschrift der Herren Crémieux, Glais-Bizoin und Fourichon trägt, und daß diese Herren der jetzigen Regierung eines großen europäischen Reichs angehören, zu dem Ersuchen, daß Ew. ..... dieselbe einer Beleuchtung in Ihren geschäftlichen Besprechungen unterziehen wollen.

In meinen Unterredungen mit Herrn Favre ist die Frage der Friedensbedingungen überhaupt nicht bis zur geschäftlichen Behandlung gediehen, und nur auf seinen wiederholten Wunsch habe ich dem französischen Minister dieselben Gedanken, welche den Hauptinhalt meines Rundschreibens, d. d. Meaux, den 16. September, bilden, in allgemeinen Umrissen mitgetheilt, darüber hinausgehende Forderungen aber bisher nach keiner Richtung hin gestellt. Die danach von uns erstrebte Abtretung von Straßburg und Metz bedingt in ihrem territorialen Zusammenhange eine Verminderung des französischen Gebietes um einen Flächeninhalt, welcher der Vermehrung desselben durch Savoyen und Nizza ziemlich gleich kommt, die Bevölkerung dieser von Italien erworbenen Landestheile aber um etwa ¼ Millionen übertrifft. Wenn man sich nun vergegenwärtigt, daß Frankreich nach dem Census von 1866 (Gothaischer Kalender von 1870 S. 514) ohne Algerien über 38 Millionen und mit Algerien, welches gegenwärtig ja einen wesentlichen Theil der französischen Streitkräfte liefert, 42 Millionen Einwohner zählt, so liegt auf der Hand, daß eine Verminderung von ¼ Millionen der letzteren an der Bedeutung Frankreichs dem Auslande gegenüber nichts ändert, diesem großen Reiche vielmehr dieselben Elemente der Machtfülle läßt, durch deren Besitz es im orientalischen wie im italienischen Kriege einen so entscheidenden Einfluß auf die Geschicke Europa's auszuüben im Stande war.

Diese wenigen Andeutungen werden genügen, um den Uebertreibungen der Proklamation vom 24. v. M. die Logik der Thatsachen siegreich entgegen zu stellen. Ich füge nur noch hinzu, daß ich auch Herrn Favre in unseren Besprechungen auf diese Gesichtspunkte ausdrücklich aufmerksam gemacht habe, und daher, wie Ew. .... auch ohne meine Versicherung überzeugt sein werden, weit entfernt gewesen bin von jeder verletzenden Hindeutung auf die Folgen des gegenwärtigen Krieges für Frankreichs zukünftige Weltstellung.

von Bismarck.

31.

Durch Meinen Erlaß vom 24. Juli d. J. (Bundesgesetzblatt S. 505) habe Ich bestimmt, daß auf Grund des Gesetzes vom 21. desselben Monats, betreffend den außerordentlichen Geldbedarf der Militär- und Marine-Verwaltung (Bundesgesetzblatt S. 491), ein Betrag von Einhundert Millionen Thaler durch eine nach den Bestimmungen des Gesetzes vom 19. Juni 1868 (Bundesgesetzblatt S. 339) zu verwaltende Anleihe beschafft werde. Auf Ihren Bericht vom 26. September d. J. genehmige Ich die Herabsetzung dieses Betrages von Einhundert Millionen Thaler auf Achtzig Millionen Thaler.

Dieser Mein Erlaß ist durch das Bundesgesetzblatt zur öffentlichen Kenntniß zu bringen.

Hauptquartier Ferrières, den 2. Oktober 1870.

Wilhelm.
Gr. v. Bismarck-Schönhausen.

An den Kanzler des Norddeutschen Bundes.

32.

Ihre Majestät die Königin hat mit großer Freude gehört, daß die Stadt Berlin sich an die Spitze eines Aufrufs zur Unterstützung der Bewohner von Straßburg stellen will, und wünscht für diesen Zweck den ersten Beitrag zu zeichnen, der mit Eintausend Thalern Euer Hochwohlgeboren hierbei zugeht.

Berlin, den 2. Oktober 1870.

Im Allerhöchsten Auftrage:
Der Kabinets-Rath Brandis.

Herrn Ober-Bürgermeister Seydel Hochwohlgeboren
  zu Berlin.

33.

Wir Wilhelm, von Gottes Gnaden König von Preußen ꝛc., verordnen im Namen des Norddeutschen Bundes, nach erfolgter Zustimmung des Bundesrathes, was folgt:

§. 1. Das im §. 1 der Verordnung vom 20. Juli d. J. (Bundesgesetzbl. S. 487) enthaltene Verbot der Ausfuhr und Durchfuhr von Hafer und Kleie über die Grenzen von Memel bis Saarbrücken, beide Orte eingeschlossen, ist aufgehoben.

§. 2. Gegenwärtige Verordnung tritt mit dem Tage der Verkündigung in Kraft.

Urkundlich unter unserer Höchsteigenhändigen Unterschrift und beigedrucktem Bundes-Insiegel.

Gegeben Hauptquartier Ferrières, den 3. Oktober 1870.

(L. S.) Wilhelm.

Gr. v. Bismarck-Schönhausen.

34.

Die Glückwünsche, welche Mir die Vertreter von Ehrenbreitstein zum Geburtstage dargebracht haben, erwiedere Ich mit aufrichtigem Danke. Solche Beweise einer treuen Gesinnung haben in dieser ernsten Zeit besonderen Werth; denn die Ereignisse unserer Tage zeigen uns mehr wie je, was aufopferungsvolle Hingebung gilt und leistet.

Berlin, den 3. Oktober 1870.   Augusta.

An die Gemeindeverordneten von Ehrenbreitstein.

35.

Gouvernementsbefehl.

Das Braunschweiger Manifest vom 5. September und die Königsberger Versammlung vom 14. September hatten mich veranlaßt, im militärischen Interesse durch meinen Gouvernementsbefehl vom 24. September die Volksversammlungen der sozial-demokratischen Partei zu verbieten.

Dieses Verbot wird aufgehoben.

Dagegen erwarte ich, daß die zur Ueberwachung solcher Versammlungen bestimmten Polizeibehörden in dem mir untergebenen Bezirk nicht verabsäumen werden, diejenigen Personen zu meiner Kenntniß zu bringen, welche durch öffentliche Kundgebungen Frankreich in seinem Widerstande gegen die von Deutschland gestellten Friedensbedingungen ermuthigen, mithin der feindlichen Kriegsführung zum Nachtheil der vaterländischen wesentliche Dienste leisten, um solche Personen auch ferner in geeigneter Weise für die Dauer des Kriegszustandes unschädlich machen zu können.

Hannover, den 5. Oktober 1870.

Der General-Gouverneur.

v. Falckenstein.

36.

I. Wir, Maire der Stadt Straßburg, auf das Ansuchen, welches uns unter dem Datum des 4. Oktober durch die Kommandantur Straßburg zugewendet wurde, beschließen: 1) den Gasthofsbesitzern, Wirthen, Speiseverkäufern ist verordnet, in ihren Speiselokalen Preiscourante aufzuhängen, welche angeben, zu welcher Summe die Speisen und Getränke verkauft werden. Besagte Preiscourante sollen in den 24 Stunden, von der Veröffentlichung gegenwärtigen Beschlusses an gerechnet, der Genehmigung des Maires unterlegt werden. 2) Gegenwärtiger Beschluß soll durch Plakate und durch den öffentlichen Ausrufer zur Kenntniß des Publikums gebracht werden. Straßburg, den 5. Oktober. Der Maire, Küß.

II. Alle arbeitsfähigen Tagelöhner, Zimmerleute, Maurer, Schiffsleute und sonstigen Bauhandwerker werden hierdurch aufgefordert, sich binnen zwei Tagen, und zwar bis zum 7. d. M., Abends 6 Uhr, auf der Mairie in dem Bureau des Herrn Stadtarchitekten Conrath zur Bauarbeit zu melden. Bis auf weitere Befehle ist es Jedermann verboten, Steinhauer, Maurer, Zimmerleute und Tagelöhner zu beschäftigen. Alle diese Arbeiter sind für die Gemeinde und für die Militärverwaltung requirirt. Der zehnstündige Tagelohn ist provisorisch festgesetzt wie folgt..... Straßburg, den 5. Oktober. Der Maire, Küß.

Genehmigt mit dem Bemerken, daß ich jeden Arbeiter, welcher arbeitsfähig ist und sich zur Arbeit nicht bis zum 7. d. M., Abends 6 Uhr, an angegebenem Orte gemeldet hat, unweigerlich aus der Stadt weisen werde. Außerhalb der Festungsthore werden dergleichen Arbeitsscheue von den militärischen Posten, Gensd'armen und Polizeibeamten als Landstreicher aufgegriffen und zur Bestrafung gezogen werden. Straßburg, den 5. Oktober.

Der Kommandant v. Mertens, General-Major.

37.

Etival, 7. Oktober. Gestern fand ein siegreiches Gefecht bei Saint Remy und Rompatelize gegen französische Linie und Mobilgarde statt. Der Feind ist nach 4 Uhr in voller Flucht auf Rambervillers zurückgegangen. Im Gefecht waren diesseits 6 Bataillons, 2 Escadrons, 2 Batterien; der Feind 14,000 Mann stark. Der diesseitige Verlust betrug 20 Offiziere, 410 Mann todt und verwundet. Der feindliche Verlust mehr als dreifach. 6 Offiziere, 600 Mann, meist Linie, unverwundet gefangen.

von Degenfeld.

38.

Versailles, 8. Oktober. Am 6. Oktober siegreiches Gefecht der badischen Brigade Degenfeld zwischen Raon Etape St. Dié gegen größere Massen Francs-tireurs und Abtheilungen französischer Truppen unter General Dupré. Letzterer verwundet, Feind auseinandergesprengt. Vor Paris nichts Neues.

von Podbielski.

39.

Hauptquartier **Corny** vor **Metz**, den 8. Oktober.

Feind griff (gestern) Nachmittag 2 Uhr über Woippy Division Kummer an. Heftiger Kampf bis in die Nacht. Der Feind überall mit großem Verluste und Nachtkampf zurückgeschlagen. Die 9. Infanterie = Brigade und Theile des 10. Corps griffen kräftig ein. Vom Feinde fochten auch Garbetruppen. Gleichzeitig entwickelte der Feind auf rechtem Moseluser mehrere Divisionen gegen 1. und 10. Corps. Es war dort lebhafte Kanonade. Verluste, namentlich der Division Kummer und des 10. Corps, sind auf 500 Mann, die des 3. Corps auf 130 Mann zu schätzen.

v. **Stiehle.**

40.

Bewohner **Strasburgs**!

Durch die Gnade Sr. Majestät des Königs von Preußen als Oberfeldherrn der deutschen Heere zum General-Gouverneur im Elsaß bestellt, nehme ich heute meinen Sitz in der alten Landeshauptstadt, nachdem sie sich den siegreichen deutschen Waffen hat ergeben müssen und somit unter Beseitigung der französischen Herrschaft dem deutschen Vaterlande von Neuem verbunden ist.

Kraft der mir verliehenen Autorität versichere ich der Einwohnerschaft, daß, soweit es die kriegerischen Verhältnisse gestatten, die regelmäßige gesetzliche Ordnung der Dinge wieder hergestellt werden und Alles geschehen soll, um die Drangsale des Krieges vergessen zu machen.

Dies hohe Ziel wird am schnellsten erreicht werden können, wenn die Bürgerschaft der neuen Regierung mit Vertrauen entgegenkommt, wenn sie ihre friedlichen Beschäftigungen wieder aufnimmt, namentlich aber, wenn ein jeder Bewohner sich hütet, sträfliche Beziehungen mit der beseitigten Regierung zu unterhalten oder zu unterstützen, und wenn allen Maßregeln des General-Gouvernements willig der Gehorsam geleistet wird, den es unnachsichtlich in Anspruch nehmen muß.

Dem erhabenen Willen Sr. Majestät des Königs entsprechend, werden die geeigneten Wege betreten werden, um der Stadt behülflich zu sein, die Schäden zu beseitigen, die durch die schwere Belagerung entstanden sind. Unser großes deutsches Vaterland wird mit Freuden hierzu beitragen, und schon sind aus allen Gauen desselben als Opfer für die Wiedervereinigung namhafte Spenden eingegangen oder angemeldet.

Es hängt hiernach von der Einwohnerschaft ab, indem sie die dargebotene Hand ergreift, sich den Uebergang in die neuen Verhältnisse selbst zu erleichtern, Verhältnisse, die, durch höhere Fügung herbeigeführt, unabwendbar sind; denn Strasburg wird von jetzt ab wieder eine deutsche Stadt sein und bleiben.

Strasburg, den 8. Oktober 1870.

Der General-Gouverneur im Elsaß.

Graf **Bismarck-Bohlen,** General-Lieutenant.

41.

Versailles, den 9. Oktober 1870.

An Se. Majestät den König von Sachsen.

Soeben übergab Mir General von Thielau in Deinem Namen den militärischen Heinrichs-Orden mit einer besonderen ehrenvollen Ausschmückung. Empfange hiermit Meinen aufrichtigsten Dank für die Mir widerfahrene Auszeichnung, die Mir eine ebenso ehrende wie beglückende Erinnerung an unsere großen Erfolge und an die glückliche Theilnahme der sächsischen Truppen und deren Fürstlichen Führer.

Wilhelm.

42.

Versailles, den 9. Oktober.

Eine Escadron 16. Husaren-Regiments ist in der Nacht vom 7. zum 8. durch Verrätherei der Bewohner von Ablis überfallen worden, der Ort zur Strafe niedergebrannt. — Von der Loire vorgegangene größere feindliche Abtheilungen wurden am 9. von preußischen und bayerischen Truppen südlich Etampes gesprengt. — Die geflohenen Bewohner der nördlich Paris liegenden Ortschaften kehren in ihre Dörfer zurück.

v. Podbielski.

43.

Denkschrift des Grafen von Bismarck, den Gesandten durch Erlaß vom 4. Oktober 1870 mitgetheilt.

Die Herrn Jules Favre gestellten Waffenstillstands-Bedingungen, auf Grund deren die Anbahnung geordneter Zustände in Frankreich erstrebt werden sollte, sind von ihm und seinen Kollegen verworfen worden.

Die Fortsetzung eines, nach dem bisherigen Gange der Ereignisse, für das französische Volk aussichtslosen Kampfes ist damit ausgesprochen.

Die Chancen dieses opfervollen Kampfes haben sich für Frankreich seitdem noch verschlechtert. Toul und Straßburg sind gefallen, Paris ist eng cernirt und die deutschen Truppen streifen bis zur Loire. Die vor jenen Festungen engagirt gewesenen beträchtlichen Streitkräfte stehen der deutschen Armeeführung zur freien Verfügung.

4*

Das Land hat die Konsequenzen des von den französischen Machthabern in Paris gefaßten Entschlusses eines Kampfes à outrance zu tragen, seine Opfer werden sich unnützer Weise vergrößern und die sozialen Zustände in immer gefährlicheren Dimensionen sich zersetzen.

Dem entgegen zu wirken, sieht sich die deutsche Armeeführung leider nicht in der Lage. Aber sie ist sich über die Folgen des von den französischen Machthabern beliebten Widerstandes völlig klar und muß namentlich auf einen Punkt die allgemeine Aufmerksamkeit im Voraus leiten.

Es betrifft dies die speziellen Verhältnisse in Paris.

Die bisher vor dieser Hauptstadt geführten größeren Gefechte am 19. und 30. v. M., in welchem der Kern der dort vereinigten feindlichen Streitkräfte nicht einmal vermocht hat, die vorderste Linie der Cernirungstruppen zurück zu werfen, giebt die Ueberzeugung, daß die Hauptstadt über kurz oder lang fallen muß.

Wird dieser Zeitpunkt durch das Gouvernement provisoire de la défense nationale so weit hinausgeschoben, daß der drohende Mangel an Lebensmitteln zur Kapitulation zwingt, so müssen daraus schreckenerregende Konsequenzen entstehen.

Die französischer Seits in einem gewissen Umkreise von Paris ausgeführten widersinnigen Zerstörungen von Eisenbahnen, Brücken und Kanälen haben die Fortschritte der diesseitigen Armeen nicht einen Augenblick aufzuhalten vermocht; die für letztere nothwendigen Land= und Wasser-Kommunikationen sind in sehr kurzer Zeit von ihnen retablirt worden.

Diese Wiederherstellungen beziehen sich naturgemäß nur auf die rein militärischen Interessen; die sonstigen Zerstörungen aber hemmen selbst nach einer Kapitulation von Paris die Verbindung der Kapitale mit den Provinzen auf lange Zeit hinaus.

Der deutschen Armeeführung ist es, wenn jener Fall eintritt, eine positive Unmöglichkeit, eine Bevölkerung von nahe an zwei Millionen Menschen auch nur einen einzigen Tag mit Lebensmitteln zu versehen. Die Umgegend von Paris bietet alsdann, da deren Bestände für den Bedarf der diesseitigen Truppen nothwendig gebraucht werden, auf viele Tagemärsche hin ebensowenig irgendwelche Hülfsmittel und gestattet daher nicht einmal, die Bewohner von Paris auf den Landwegen zu evacuiren.

Die unausbleibliche Folge hiervon ist, daß Hunderttausende dem Hungertode verfallen.

Die französischen Machthaber müssen diese Konsequenzen ebenso klar übersehen, wie die deutsche Armeeführung, welcher nichts übrig bleibt, als den angebotenen Kampf auch durchzuführen.

Wollen Jene es bis zu diesen Extremen kommen lassen, so sind sie auch für die Folgen verantwortlich.

v. Bismarck.

44.
Berfailles, 12. Oktober.
Der Königin Augufta
in Homburg v. d. H.

Geftern fiegreiche Schlacht durch General von der Tann. 22. Divifion. Die Loire-Armee vollständig geschlagen. Einige Taufend Gefangene. Kampf dauerte von ½10 Uhr bis Abends 7 Uhr in fehr schwierigem Terrain. Bei Dunkelheit Orléans genommen. Feind hinter Loire zurück, hat große Verlufte, diefseitige verhältnißmäßig gering. Details noch nicht bekannt.

Wilhelm.

45.
Berfailles, Dienftag den 11. Oktober.

Bayerfches Corps von der Tann, Kavallerie-Divifionen Prinz Albrecht und Graf Stolberg schlugen am 10. eine feindliche Divifion bei Artenay, nahmen 3 Geschütze und machten 2000 Gefangene. Diefseitiger Verluft circa 110 Mann. Feind floh in voller Auflösung. Verfolgung wird fortgesetzt. Die Einnahme von Orléans steht bevor. Kavallerie-Divifion Rheinbaben trieb am 10. 4000 Mobilgarden bei Chérify über die Eure zurück, wobei Letztere erhebliche Verlufte erlitten. Vor Paris nichts Neues.

von Podbielski.

46.
Reims, le 11 octobre 1870.
AVIS.

Des Recettes de poste sont établies, à partir do ce jour, dans les localités suivantes, savoir:

A. Gouvernement Général à Reims: Auve, Bourgogne, Châlons-sur-Marne, Château-Thierry, Coulommiers, Épernay, Fismes, Hermonville, Iles-sur-Suippe, Jonchery, L'Epine, Meaux, Mourmelon-le-Grand, Neufchâtel-sur-Aisne, Neuilly, Pontfaverger, Reims, Rethel, Saint-Dizier, Saint-Etienne, Sainte-Menéhould, Saint-Mihiel, Sedan, Suippes, Tournon, Vitry-le-Français, Vouziers.

B. Gouvernement Général à Nancy: Bar-le-Duc, Clermont-en-Argonne, Lunéville, Nancy, Pont-à-Mousson, Toul.

C. Gouvernement Général à Strasbourg: Boulay, Bishwiller, Château-Salins, Corny-sur-Moselle, Courcelles-sur-Nied, Delme, Dieuze, Forbach, Gorze, Gr.-Tenquin, Haguenau, Ingwiller, Marsal, Moyenvic, Pfaffenhofen, Remilly, Rohrbach, Sarebourg, Sarreguemines, Saverne, Wissembourg, Vic-sur-Seille.

L'Administrateur des Postes dans les territoires français occupés
ROSSHIRT.

47.

Wir **Wilhelm**, von Gottes Gnaden König von Preußen ꝛc., verordnen im Namen des Norddeutschen Bundes, nach erfolgter Zustimmung des Bundesrathes, was folgt:

§. 1. Das im §. 1 der Verordnung vom 20. Juli d. J. (Bundesgesetzbl. S. 487) enthaltene Verbot der Ausfuhr und Durchfuhr von Rindvieh, Schweinen und Schafvieh über die Grenze von Nordhorn bis Saarbrücken, beide Orte eingeschlossen, ist aufgehoben.

§. 2. Das im §. 1 der Verordnung vom 16. Juli d. J. (Bundesgesetzbl. S. 483) enthaltene Verbot der Ausfuhr und Durchfuhr von Steinkohlen und Koks über die Grenzen von Memel bis Saarbrücken, beide Orte eingeschlossen, tritt für die Grenze südlich von Malmedy bis Saarbrücken einschließlich außer Kraft.

§. 3. Gegenwärtige Verordnung tritt mit dem Tage der Verkündung in Kraft.

Urkundlich unter Unserer Höchsteigenhändigen Unterschrift und beigedrucktem Bundes-Insiegel.

Gegeben Hauptquartier Versailles, den 13. Oktober 1870.

(L. S.)   **Wilhelm.**

Gr. v. Bismarck-Schönhausen.

48.

Bekanntmachung.

In Gemäßheit der Allerhöchsten Ordre vom 12. September 1870, betreffend die Organisation des Postdienstes in den besetzten französischen Gebietstheilen, ist eine Ober-Post-Direktion für das Elsaß in Straßburg und eine Ober-Post-Direktion für Deutsch-Lothringen vorläufig in Nanzig ins Leben getreten. Für die Verwaltung der Posten in den übrigen okkupirten Theilen Frankreichs ist die bisher in Nanzig errichtet gewesene Post-Administration nach Rheims vorgeschoben worden. Der Bezirk der Ober-Post-Direktion für das Elsaß umfaßt die bisherigen Departements Oberrhein und Niederrhein; der Bezirk der Ober-Post-Direktion für Deutsch-Lothringen: die bisherigen Arrondissements Metz, Saargemünd, Thionville, Chateau-Salins und Saarburg. Es unterliegt: a) die Korrespondenz zwischen den Bezirken der Ober-Post-Direktionen für Elsaß und Deutsch-Lothringen einerseits und dem Norddeutschen Postgebiete andererseits, dem internen norddeutschen Portotarif, b) die Korrespondenz zwischen den Bezirken der Ober-Post-Direktionen für Elsaß und Deutsch-Lothringen einerseits und Oesterreich, Bayern,

Württemberg, Baden und Luxemburg andererseits, den Taxi-
rungs-Bestimmungen für den Wechselverkehr zwischen den eben-
genannten Postbezirken und Norddeutschland. Ein Staats-
Fahrpostwesen wird in den beiden Ober-Post-Direktions-Bezirken
vorerst nicht eingerichtet.

Berlin, den 13. Oktober 1870.

General-Postamt.
Stephan.

49.

Venizel, den 16. Oktober 1870.

Heute 3 Uhr Einzug des Großherzogs von Mecklenburg in
Soissons an der Spitze Pommerscher, Magdeburgischer, Hessi-
scher Festungs-Artillerie, Schleswigscher Pioniere, der Land-
wehr-Bataillone Frankfurt, Cüstrin, Landsberg, Woldenberg,
Brandenburg, Ruppin, Prenzlau, Jüterbogk und der Halber-
städter schweren Reiter. Unsere Verluste während der drei-
wöchentlichen Cernirung, täglichen Vorposten-Gefechte und der
4tägigen Beschießung gering. 4000 Gefangene, 132 Geschütze,

von Krenski.

50.

Allerhöchster Erlaß vom 18. Oktober 1870, betreffend
die Ausgabe verzinslicher Schatzanweisungen im Betrage von
3,700,000 Thalern.

Auf Ihren Bericht vom 14. Oktober cr. genehmige Ich,
daß in Gemäßheit des Gesetzes vom 9. November 1867, betreffend den außerordentlichen Geldbedarf des Norddeutschen
Bundes zum Zwecke der Erweiterung der Bundes-Kriegsmarine
und der Herstellung der Küstenvertheidigung (Bundesgesetzbl.
vom Jahre 1867, S. 157 ff.), und des Gesetzes vom 20. Mai
v. J. wegen Abänderung des vorbezeichneten Gesetzes (Bundesgesetzbl. vom Jahre 1869, S. 137) verzinsliche Schatzanweisungen
im Gesammtbetrage von 3,700,000 Thalern und zwar in Abschnitten von je 100 Thalern, 1000 Thalern und 10,000
Thalern ausgegeben werden. Zugleich ermächtige Ich Sie, den
Zinssatz dieser Schatzanweisungen und die Dauer ihrer Umlaufszeit, welche den Zeitraum eines Jahres nicht überschreiten darf,
den Verhältnissen entsprechend nach Ihrem Ermessen zu bestimmen und zur öffentlichen Kenntniß zu bringen. Ich überlasse
Ihnen, die Preußische Hauptverwaltung der Staatsschulden mit
näherer Anweisung zu versehen und diesen Meinen Erlaß durch
das Bundesgesetzblatt bekannt zu machen.

Hauptquartier Versailles, den 18. Oktober 1870.

Wilhelm.
Gr. v. Bismarck-Schönhausen.
An den Kanzler des Norddeutschen Bundes.

51.

Ich habe in Anerkennung der fortgesetzt rühmlichen Leistungen der unter Euer Großherzoglichen Hoheit Kommando stehenden Truppen Euer Großherzoglichen Hoheit das eiserne Kreuz erster Klasse verliehen und mache Mir das Vergnügen, Sie hiervon mit dem Hinzufügen zu benachrichtigen, daß Ihnen die Dekoration durch des Prinzen Friedrich Carl von Preußen Königliche Hoheit, General der Kavallerie und Oberbefehlshaber der zweiten Armee, zugehen wird.

Hauptquartier Versailles, den 18. Oktober 1870.

Ihr treu ergebener Wilhelm.

52.

Es ist mir die Ehre zu Theil geworden, den Brief vom 5. d. Mts. zu erhalten, in welchem der englische nationale Verein zur Pflege der auf den verschiedenen Kriegsschauplätzen verwundeten und erkrankten Krieger durch Vermittelung des Obersten Loyd-Lindsay die Summe von 20,000 Pfd. Sterl. zur Verfügung Sr. Majestät des Königs von Preußen überweist. Seine Majestät, mein Allergnädigster Herr, haben mir befohlen, in meiner Eigenschaft als Allerhöchstsein Kommissarius und Militär-Inspecteur der freiwilligen Krankenpflege im Felde, die Verwaltung obengenannter Summe zu übernehmen, gleichzeitig aber den englischen nationalen Verein für diese zu so edlem Zwecke dargebrachte großartige Gabe Seines Königlichen Dankes zu versichern.

Dem habe ich meinerseits nur die bestimmte Zusage anzureihen, daß ich möglichst bestrebt sein werde, dies so umfangreiche Geschenk im Sinne der opferbereiten Geber und zur wirklichen Milderung der Leiden verwundeter wie erkrankter Krieger zu verwenden.

Heinrich XI., Fürst von Pleß.

53.

Bekanntmachung.

Eröffnung von Postanstalten in Deutsch-Lothringen.

Im Ober-Postdirektionsbezirk Deutsch-Lothringen sind folgende Postanstalten eröffnet worden: Ars an der Mosel, Bolchen (Boulay), Corny, Delme, Dieuze, Falkenberg, Finstringen (Fénéstrange), Forbach, Götzenbrück, Gorze, Gr. Tännchen (Gr. Tenquin), Hellimer, Heming, Marsal, Mars la Tour, Püttlingen (Puttelange), Reichshofen (Rechicourt), Remilly, Rohrbach, Saarburg, Saarelb, Saargemünd, Salzburg (Chateau-Salins), Sologne, St. Avold und Vic a. d. Seille. Außerdem Lützelburg für Pfalzburg und Lemberg für Bitsch.

Berlin, den 20. Oktober 1870.

General-Postamt.

Stephan.

54.

a.

Versailles, den 21. Oktober.

Der Königin Augusta in Homburg.

Ich komme soeben von einem kleinen Gefechte bei La Malmaison; 12 Bataillone waren vom Mont Valérien mit 40 Geschützen ausgefallen, und wurden nach dreistündigem Gefechte zurückgeworfen. Wir sahen von dem Marly-Viadukt dem Gefechte zu. Ganz Versailles wurde allarmirt.

Wilhelm.

b.

Versailles, 21. Oktober.

Am 21. 1 Uhr Mittags französischer Ausfall mit bedeutenden Kräften vom Mont Valérien aus, wobei etwa 40 Feldgeschütze, durch die vorderen Abtheilungen der 9. und 10. Infanterie-Division, so wie des 1. Garde-Landwehr-Regiments, zuletzt unterstützt durch Artillerie-Feuer des 4. Corps vom rechten Seine-Ufer unter den Augen Sr. Majestät des Königs siegreich zurückgeschlagen. Bis jetzt konstatirt: über 100 Gefangene und 2 Feldgeschütze in unseren Händen. Diesseitiger Verlust verhältnißmäßig gering.

von Podbielski.

55.

Offizielle militärische Nachrichten.

Versailles, 25. Oktober. General von Werder warf den 22. die aus 2 Divisionen bestehende sogenannte Ost-Armee unter General Cambriels, welche sich bei Rioz und Etuz stellte, in hitzigem Gefechte über die Oignon und aus Auxor-Dessus gegen Besançon zurück. Diesseits im Gefecht: Brigade Degenfeld, Truppen der Brigade Prinz Wilhelm und Keller, und 2 Bataillone Regiments Nr. 30. Unser Verlust 3 Offiziere, etwa 100 Mann. Der Feind hatte bedeutendere Verluste, dabei 2 Stabsoffiziere, 13 Offiziere, 180 Mann Gefangene, und zog sich in größter Unordnung zurück.

von Podbielski.

56.

Epinal, 25. Oktober. »Am 22. d. haben siegreiche Gefechte am Oignonfluß, bei Voray, Etuz, Cussey, Auxon und Geneuille stattgefunden. Der Feind wurde mit starken Verlusten überall geworfen. Im Gefecht waren Bataillone des

erſten, dritten, vierten, fünften badiſchen Regiments und drei
Batterien. Diesſeitiger Verluſt etwa 7 Todte und 38 Verwundete. An Gefangenen haben wir 2 Stabs-, 11 Oberoffiziere
und gegen 200 Mann. Die Haltung der Truppen iſt vor-
trefflich. Das Hauptquartier des Diviſionsſtabes befindet ſich
heute in Etuz.

Beyer, General-Lieutenant.«

57.

Da die Fortdauer des Krieges und der Bedrohung der
deutſchen Küſten die Aufhebung des durch Meine Verordnung
vom 21. Juli d. J. angeordneten Kriegszuſtandes noch nicht
geſtattet, und da es Mein Wille iſt, daß während der Vorbereitungen für die bevorſtehenden Wahlen zum Abgeordnetenhauſe
des preußiſchen Landtags der Aeußerung politiſcher Meinungen
kein Hinderniß in den Weg gelegt werde, ſo beſtimme Ich, daß
in den in Kriegszuſtand erklärten Bezirken bis zur Beendigung
der Wahlen von der durch §. 5 des Geſetzes über den Belagerungszuſtand vom 4. Juni 1851 begründeten Befugniß zur
Suspenſion des Artikels 30 der Verfaſſungsurkunde kein Gebrauch gemacht werde. Ich beauftrage Sie, hienach die nöthigen
Verfügungen zu erlaſſen.

Verſailles, den 24. Oktober 1870.

Wilhelm.

An den General-Gouverneur der Rheinlande.

58.

An den General-Gouverneur der Küſtenlande.

Da die Fortdauer des Krieges und die Bedrohung der
deutſchen Küſten die Aufhebung des durch Meine Verordnung
vom 21. Juli d. J. angeordneten Kriegszuſtandes noch nicht
geſtattet, und da es Mein Wille iſt, daß während der Vorbereitungen für die bevorſtehenden Wahlen zum Abgeordnetenhauſe des preußiſchen Landtages der Aeußerung politiſcher
Meinungen und der perſönlichen Betheiligung der Wahlberech-
tigten kein Hinderniß in den Weg gelegt werde, ſo beſtimme
Ich, daß in den in Kriegszuſtand erklärten Bezirken bis zur
Beendigung der Wahlen von der durch §. 5 des Geſetzes über
den Belagerungszuſtand vom 4. Juni 1851 begründeten Befugniß zur Suspenſion des Artikels 30 der Verfaſſungs-Urkunde
kein Gebrauch gemacht werde, und daß die auf Ihre Anordnung

verhafteten oder internirten preußischen Unterthanen, so weit nicht inzwischen die gerichtliche Haft gegen sie beschlossen ist, und vorbehaltlich des etwa gegen sie einzuleitenden strafgerichtlichen Verfahrens sofort in Freiheit gesetzt werden. Ich beauftrage Sie, hiernach die nöthigen Verfügungen zu erlassen.

Versailles, den 24. Oktober 1870. Wilhelm.

59.
Tagesbefehl.

Hauptquartier Ferrières, den 24. Oktober 1870.

Auf Befehl Sr. Majestät des Königs von Preußen, unseres Allerhöchsten Bundesfeldherrn, tritt die Königlich württembergische Feld-Division zur 17. Infanterie-Division unter Mein Kommando.

Angesichts der feindlichen Hauptstadt übernehme Ich dieses aus süddeutschen und norddeutschen Truppen vereinigte Corps, in der Hoffnung, daß Tapferkeit, Ausdauer und Mannszucht uns bald zu neuen Siegen führen werden.

Der kommandirende General.

Friedrich Franz,
Großherzog von Mecklenburg-Schwerin.

60.
Offizielle militärische Nachricht.
Der Königin Augusta in Homburg.

Den 27. Oktober.

Diesen Morgen hat die Armee Bazaine und Festung Metz kapitulirt. 150,000 Gefangene incl. 20,000 Blessirte und Kranke. Heute Nachmittag wird die Armee und Garnison das Gewehr strecken.

Das ist eines der wichtigsten Ereignisse in diesem Moment. Dank der Vorsehung!

Wilhelm.

61.
Die Kapitulation von Metz.
Protokoll.

Zwischen den Unterzeichneten, dem Chef des Generalstabes der preußischen Armee vor Metz und dem Chef des Generalstabes der französischen Armee in Metz, alle beide mit den Vollmachten versehen von:

Sr. Königlichen Hoheit dem General der Kavallerie Prinzen Friedrich Carl von Preußen und von Sr. Excellenz dem Ober-Befehlshaber Marschall Bazaine
ist nachstehende Uebereinkunft abgeschlossen:

Erster Artikel. Die unter dem Befehl des Marschalls Bazaine stehende französische Armee ist kriegsgefangen.

Zweiter Artikel. Die Festung und die Stadt Metz mit allen Forts, dem Kriegsmaterial, den Vorräthen aller Art und allem Staats-Eigenthum wird der preußischen Armee in dem Zustande übergeben, in welchem sie sich im Augenblicke der Unterzeichnung dieser Uebereinkunft befindet. Die Forts Saint Quentin, Plappeville, Saint Julien, Quelen und Saint Privat so wie das Thor Mazel (Straße nach Straßburg) werden am Sonnabend, den 29. Oktober, Mittags, den preußischen Truppen übergeben. Um 10 Uhr Morgens desselben Tages werden Artillerie- und Ingenieur-Offiziere mit einigen Unteroffizieren in die genannten Forts hineingelassen, um die Pulvermagazine in Besitz zu nehmen und etwaige Minen unschädlich zu machen.

Dritter Artikel. Die Waffen sowie das ganze Kriegsmaterial der Armee, bestehend in Fahnen, Adlern, Kanonen, Mitrailleusen, Pferden, Kriegskassen, Militär-Fahrzeugen, Munition 2c., wird in Metz und in den Forts an eine von Herrn Marschall Bazaine eingesetzte Militär-Kommission überliefert, um unmittelbar danach an preußische Kommissäre übergeben zu werden.

Die unbewaffneten Truppen werden regimenter- oder corpsweise rangirt und in militärischer Ordnung an die Plätze geführt, welche für jedes Corps bezeichnet werden.

Die Offiziere kehren dann allein unter der Bedingung in das Innere des verschanzten Lagers oder nach Metz zurück, daß dieselben hierdurch auf ihr Ehrenwort verpflichtet sind, Metz nicht ohne Befehl des preußischen Kommandanten zu verlassen.

Die Truppen werden dann durch ihre Unteroffiziere auf die Bivouaksplätze geführt.

Die Soldaten behalten ihre Tornister, Effekten und Lagergegenstände (Zelte, Decken, Kochgeräthschaften u. s. w.)

Vierter Artikel. Alle Generale und Offiziere, sowie die Militärbeamten mit Offiziersrang, welche schriftlich ihr Ehrenwort abgeben, bis zum Schluß des gegenwärtigen Krieges nicht gegen Deutschland zu kämpfen und auch auf keine andere Weise gegen seine Interessen zu handeln, werden nicht kriegsgefangen.

Die Offiziere und Beamten, welche diese Bedingung annehmen, behalten ihre Waffen und ihr persönliches Eigenthum.

Um den Muth anzuerkennen, den die Armee, wie die Garnison während der Dauer des Feldzuges gezeigt haben, wird außerdem denjenigen Offizieren, welche die Kriegsgefangenschaft wählen, erlaubt, ihre Degen oder Säbel mit sich zu nehmen, sowie all' ihr persönliches Eigenthum.

Fünfter Artikel. Sämmtliche Militär-Aerzte bleiben in Metz zurück, um für die Verwundeten zu sorgen; sie werden gemäß der Genfer Konvention behandelt werden. Dasselbe findet statt mit dem Personal der Hospitäler.

Sechster Artikel. Erörterungen über einzelne Punkte hauptsächlich in Betreff der städtischen Interessen sind in einer hier angeschlossenen Beilage behandelt, welche dieselbe Gültigkeit hat, wie das gegenwärtige Protokoll.

Siebenter Artikel. Jeder Artikel, welcher Zweifel herbeiführen könnte, wird stets zu Gunsten der französischen Armee ausgelegt werden.

Verhandelt im Schlosse Frescaty, den 27. Oktober 1870.

v. Stiehle.   Jarras.

Beilage.

Art. 1. Die der Armee oder der Festung angehörenden höheren und niederen Civil-Beamten, welche sich in Metz befinden, können abziehen, wohin sie wollen, und Alles mit sich nehmen, was ihnen gehört.

Art. 2. Niemand, er gehöre der Nationalgarde an, oder sei Einwohner der Stadt, oder in dieselbe geflüchtet, soll wegen politischer oder religiöser Ansichten, wegen etwaiger Betheiligung an der Vertheidigung, oder wegen Hülfsleistungen, die er der Armee oder der Garnison geleistet, belästigt werden.

Art. 3. Die in der Stadt verbliebenen Kranken und Verwundeten sollen jede Pflege erhalten, die ihr Zustand erheischt.

Art. 4. Die Familien, welche Seitens der Garnison in Metz zurückgelassen werden, sollen nicht belästigt werden und können, wie die Civilbeamten, gleichfalls frei abziehen, mit Allem, was ihnen gehört.

Die Mobilien und Effekten, welche die Mitglieder der Garnison in Metz zu lassen genöthigt sind, sollen weder geplündert, noch konfiszirt werden, sondern deren Eigenthum verbleiben. Es soll denselben freistehen, diese Sachen innerhalb eines Zeitraums von sechs Monaten, vom Friedensschluß oder ihrer Entlassung aus der Gefangenschaft an abholen zu lassen.

Art. 5. Der Oberbefehlshaber der preußischen Armee übernimmt die Verpflichtung, jede Schädigung der Einwohner an ihren Personen oder Gütern zu verhindern.

Es wird in gleicher Weise das Vermögen des Departements, der Gemeinden, Handels- oder anderer Gesellschaften, der Civil- oder geistlichen Körperschaften, der Armenhäuser oder Wohlthätigkeitsanstalten unangetastet bleiben.

Es soll in keiner Weise in die Rechte eingegriffen werden, welche am Tage der Kapitulation nach den gültigen französischen Gesetzen die Körperschaften oder Gesellschaften, ebenso wie Privatpersonen gegenseitig auszuüben haben.

Art. 6. Es wird zu dem Ende im Speziellen festgestellt, daß alle Lokalverwaltungen, sowie die vorerwähnten Gesellschaften oder Körperschaften diejenigen Archive, Bücher, Papiere, Sammlungen und Dokumente aller Art behalten sollen, die sich in ihrem Besitze befinden.

Auch die Notare, Advokaten und anderen richterlichen Beamten sollen ihre Archive und ihre Urkunden oder Depositen behalten.

Art. 7. Die dem Staate gehörenden Archive, Bücher und Papiere sollen im Allgemeinen in der Festung bleiben, und es sollen beim Friedensschlusse diejenigen dieser Dokumente, welche die an Frankreich zurückfallenden Landestheile betreffen, Frankreich zurückgegeben werden.

Die reglementsmäßigen ausstehenden Beträge, welche zur Berichtigung der Rechnungen nothwendig sind, oder zu Rechtsstreitigkeiten, zu Rückforderungen Seitens dritter Personen Anlaß geben können, sollen in den Händen derjenigen Beamten oder Agenten bleiben, welchen sie gegenwärtig anvertraut sind, die Bestimmungen des vorstehenden Paragraphen erhalten hierdurch eine Ausnahme.

Art. 8. In Betreff des Ausmarsches der französischen Truppen aus ihren Bivouaks, wie Art. 3 des Protokolls ihn festsetzt, wird in folgender Weise verfahren werden:

Die Offiziere werden ihre Truppen auf die Punkte und in den Richtungen führen, die nachfolgend angegeben sind.

Dort angekommen, werden sie dem preußischen Truppen-Commandeur den Stand der Truppen, die sie führen, übergeben, wonach sie das Kommando an die Unteroffiziere abgeben und sich zurückziehen.

Das 6. Corps und die Kavallerie-Division Forton verfolgen die Straße von Thionville bis Labonchamps.

Das 4. Corps zwischen den Forts St. Quentin und Plappeville auf der Straße nach Amanvillers ausrückend, wird bis zu den preußischen Linien geführt.

Die Garde, die allgemeine Artillerie-Reserve, die Genie-Compagnie und der Equipage-Train des großen Hauptquartiers nehmen, auf dem Eisenbahndamm passirend, die Straße nach Nancy bis Tournebride.

Das 2. Corps mit der Division Laveaucoupet und der Brigade Lapasset, die dazu gehören, rückt auf der Straße nach Magny-sur-Seille aus und hält bei der Meierei St. Thiébault.

Die Mobilgarde von Metz und alle anderen Truppen der Garnison, außer der Division Laveaucoupet, rücken auf der Straße nach Straßburg bis Grigy.

Endlich rückt das 3. Corps auf der Straße nach Sarrebrück bis zur Meierei Belle-croix.

Verhandelt im Schloß Frescaty, den 27. Oktober 1870.

v. Stiehle.   Jarras.

62.

Hauptquartier Corny vor Metz, den 27. Oktober 1870.

Armee - Befehl.

Soldaten der I. und II. Armee!

Ihr habt Schlachten geschlagen und den von Euch besiegten Feind in Metz 70 Tage umschlossen, 70 lange Tage, von denen aber die meisten Eure Regimenter an Ruhm und Ehren reicher, keiner sie daran ärmer machte! Keinen Ausweg ließet Ihr dem tapferen Feinde, bis er die Waffen strecken würde. Es ist so weit.

Heute endlich hat diese Armee von noch voll 173,000 Mann, die beste Frankreichs, über 5 ganze Armee - Corps, darunter die Kaiser-Garde, mit 3 Marschällen von Frankreich, mit über 50 Generalen und über 6000 Offizieren kapitulirt und mit ihr Metz, das niemals zuvor genommen!

Mit diesem Bollwerk, das wir Deutschland zurückgeben, sind unermeßliche Vorräthe an Kanonen, Waffen und Kriegsgeräth dem Sieger zugefallen.

Diesen blutigen Lorbeer, Ihr habt ihn gebrochen durch Eure Tapferkeit in der zweitägigen Schlacht bei Noisseville und in den Gefechten um Metz, die zahlreicher sind, als die es rings umgebenden Oertlichkeiten, nach denen Ihr diese Kämpfe benennt!

Ich erkenne gern und dankbar Eure Tapferkeit an, aber nicht sie allein. Beinahe höher stelle ich Euren Gehorsam und den Gleichmuth, die Freudigkeit, die Hingebung im Ertragen von Beschwerden vielerlei Art. Das kennzeichnet den guten Soldaten.

Vorbereitet wurde der heutige große und denkwürdige Erfolg durch die Schlachten, die wir schlugen, ehe wir Metz einschlossen, und — erinnern wir uns dessen in Dankbarkeit — durch den König selbst, durch die mit Ihm darnach abmarschirten Corps, und durch alle diejenigen theuren Kameraden, die den Tod auf dem Schlachtfelde starben, oder ihn sich durch hier geholte Leiden zuzogen. Dies ermöglichte erst das große Werk, das Ihr heute mit Gott vollendet sahet, nämlich, daß Frankreichs Macht gebrochen ist!

Die Tragweite des heutigen Ereignisses ist unberechenbar!

Ihr aber, Soldaten, die zu diesem Ende unter meinen Befehlen vor Metz vereinigt waret, Ihr geht nächstens verschiedenen Bestimmungen entgegen.

Mein Lebewohl also den Generalen, Offizieren und Soldaten der I. Armee und der Division von Kummer, und ein »Glück auf« zu ferneren Erfolgen.

Der General der Kavallerie
Friedrich Carl.

63.

Offizielle militärische Nachricht.

Versailles, den 28. Oktober 1870.

Gestern Abend ist die Kapitulation unterzeichnet und das Victoria - Schießen direkt in Berlin befohlen. Am 29., also nicht am 27., werden die Stadt und die Forts besetzt. Gefangene sind 173,000; 3 Marschälle, über 6000 Offiziere.

Wilhelm.

64.

Haupt-Quartier Versailles, 28. Oktober 1870.
Armee-Befehl.

Soldaten der verbündeten Deutschen Armeen!

Als wir vor drei Monaten ins Feld rückten, gegen einen Feind, der uns zum Kampf herausgefordert hatte, sprach Ich Euch die Zuversicht aus, daß Gott mit unserer gerechten Sache sein würde.

Diese Zuversicht hat sich erfüllt.

Seit dem Tage von Weißenburg, wo Ihr zum ersten Male dem Feinde entgegentratet, bis heute, wo Ich die Meldung der Kapitulation von Metz erhalte, sind zahlreiche Namen von Schlachten und Gefechten in die Kriegsgeschichte unvergänglich eingetragen worden. Ich erinnere an die Tage von Wörth und Saarbrücken, an die blutigen Schlachten um Metz, an die Kämpfe bei Sedan, Beaumont, bei Straßburg und Paris 2c.; jeder ist für uns ein Sieg gewesen.

Wir dürfen mit dem stolzen Bewußtsein auf diese Zeiten zurückblicken, daß noch nie ein ruhmreicherer Krieg geführt worden ist, und Ich spreche es Euch gern aus, daß Ihr Eures Ruhmes würdig seid. Ihr habt alle die Tugenden bewährt, die den Soldaten besonders zieren: den höchsten Muth im Gefecht, Gehorsam, Ausdauer, Selbstverleugnung bei Krankheit und Entbehrung.

Mit der Kapitulation von Metz ist nunmehr die letzte der feindlichen Armeen, welche uns beim Beginn des Feldzuges entgegentraten, vernichtet worden. Diesen Augenblick benutze Ich, um Euch Allen und jedem Einzelnen, vom General bis zum Soldaten, Meinen Dank und Meine Anerkennung auszusprechen. Ich wünsche Euch Alle auszuzeichnen und zu ehren, indem Ich heute Meinen Sohn, den Kronprinzen von Preußen, und den General der Kavallerie, Prinzen Friedrich Carl von Preußen, die in dieser Zeit Euch wiederholt zum Siege geführt haben, zu General-Feldmarschällen befördere.

Was auch die Zukunft bringen möge, — Ich sehe dem ruhig entgegen, denn Ich weiß, daß mit solchen Truppen der Sieg nicht fehlen kann, und daß wir Unsere bis hierher so ruhmreich geführte Sache auch ebenso zu Ende führen werden.

Wilhelm.

65.

Versailles, 28. Oktober 1870, 1 Uhr 10 M. Nachmittags.

Ich habe die in der Nacht eingetroffene Meldung der Vollziehung der Kapitulation von Metz abgewartet, bevor ich Dir Meinen herzlichsten Glückwunsch, sowie Meine Anerkennung für die Umsicht und Ausdauer und zu den Siegen aussprechе, die Deiner Führung während der langen und beschwerlichen

Einschließung der Bazaine'schen Armee in Metz gebührt. Die gleiche Anerkennung zolle Ich Deiner braven Armee, die durch Tapferkeit und Hingebung einen Erfolg herbeiführte, wie kaum in der Kriegsgeschichte dagewesen ist. Die Ereignisse vor Metz sind unvergängliche Ehrentage und Glanzpunkte der Armee. Du hast diesAnerkenntniß zur Kenntniß der Truppen zu bringen. Um Dich und Deine Armee für so große Leistungen zu ehren, ernenne Ich Dich hierdurch zum General-Feldmarschall, welche Auszeichnung Ich gleichfalls Meinem Sohne, dem Kronprinzen, verleihe.

Wilhelm.

66.

»Die für die Entscheidung des Krieges so bedeutsame Ueber- gabe von Metz habe ich mit innigster Freude begrüßt und sende ich Ihnen für Ihr freundliches Telegramm meinen besten Dank. Wenn einst die Nachwelt die glänzenden Erfolge über- blickt, welche die deutschen Heere unter Ihrer Führung unauf- haltsam erfochten, so wird sie mit Recht Ihnen den Namen »Wilhelm der Siegreiche« beilegen.

Schloß Berg, den 28. Oktober 1870. Ludwig.

67.

Sr. Majestät dem König von Württemberg.

Gestern Abend um 10 Uhr ist die Kapitulation von Metz erfolgt, die uns 3 Marschälle, über 6000 Offiziere und 173,000 Gefangene, sowie die Festung überliefert, die morgen, den 29., von uns besetzt wird. Ein neuer unberechenbarer Erfolg unserer Anstrengungen und Opfer, der hoffentlich auch für Paris von Bedeutung sein wird, wenn Gott uns ferner Gnade erweiset.

Versailles, den 28. Oktober 1870.

Wilhelm.

68.

Ich habe Ihnen in Meinem Sohn und dem Prinzen Friedrich Carl Kameraden als Feldmarschall gegeben, was Sie und die Armee freuen wird.

Versailles, den 28. Oktober 1870.

Wilhelm.

An den Feldmarschall Grafen v. Wrangel,
Excellenz, zu Berlin.

5

69.

Sr. Majestät dem König in Versailles!

Die gnadenvolle Mittheilung, daß die kühnen, ruhmreichen und glücklichen Helden, der Kronprinz und Prinz Friedrich Carl, zu Feldmarschall ernannt sind, hat mich namenlos beglückt. Unter der Anführung dieser kriegskundigen Feldmarschalle wird jeder Soldat mit Begeisterung das heilige Panier auf des Feindes Schanze aufpflanzen und mit freudigem Herzen rufen: Hier sterben oder siegen für König und Vaterland!

Berlin, den 28. Oktober 1870.

Graf v. Wrangel, Feldmarschall.

70.

Der Königin Augusta
in Homburg.

Den 29. Oktober.

Das große Ereigniß, daß nun die beiden feindlichen Armeen, welche im Juli uns gegenüber traten, in Gefangenschaft sich befinden, veranlaßte Mich, die beiden Kommandirenden unserer Armeen, Fritz und Friedrich Carl, gestern zu Feld-Marschällen zu ernennen. Der erste Fall der Art in Unserm Hause.

Wilhelm.

71.

Empfangen Sie Meinen besten Dank für Ihre Glückwünsche zur Kapitulation von Metz. So gehend, wird ein Ziel nach dem anderen erreicht; möge das letzte nicht ausbleiben.

Versailles, den 29. Oktober 1870.

Wilhelm.

An den Feldmarschall Grafen v. Wrangel,
Excellenz, zu Berlin.

72.

Lord Granville hat die Gefälligkeit gehabt, Ew. Excellenz die Depesche mitzutheilen, welche er unter dem 20. d. Mts. an Lord Augustus Loftus gerichtet hat. Ew. ꝛc. sind daher mit dem Inhalt derselben bekannt.

Ich kann sofort zu der Versicherung übergehen, daß der lebhafte Wunsch nach einer Beendigung des zerstörenden Kampfes zweier großer Nationen und nach Vermeidung der äußersten, durch den völkerrechtlichen Kriegsgebrauch gebotenen Mittel, welcher sich darin ausspricht, von Sr. Majestät dem Könige nicht minder lebhaft getheilt, ja um so viel tiefer empfunden wird, als Deutschland durch die Opfer, die es selbst auch im siegreichen Kriege zu bringen hat, noch ganz anders dabei betheiligt ist, als ein neutrales Land, welches dem Kampfe mit den theilnehmenden Gefühlen der Menschlichkeit, deren reiche und edle Bethätigung wir anerkennen, zuschauen darf.

In diesem Sinne hat es Se. Majestät den König besonders angenehm berührt, aus der Depesche des Lord Granville zu ersehen, wie auch die Königlich großbritannische Regierung unsere Ueberzeugung theilt, daß, um fruchtbare Friedensverhandlungen zu ermöglichen, es vor allen Dingen nöthig sei, dem französischen Volke die Wahl einer nationalen Vertretung zu gestatten. Wir sind von dieser Nothwendigkeit stets überzeugt gewesen von dem Augenblicke an, wo uns die pariser Ereignisse des 4. September bekannt wurden; und wir haben dieser Ueberzeugung bei jeder Gelegenheit, welche sich uns darbot, Ausdruck gegeben.

Ich darf daran erinnern, daß auf den Vorschlag des englischen Kabinets Se. Majestät der König mich schon vor länger als einem Monate in Meaux ermächtigte, mit Herrn Jules Favre über die Möglichkeit der Zusammenberufung einer konstituirenden Versammlung in Verhandlung zu treten. Der Wunsch nach Herstellung einer legalen Vertretung des französischen Volkes bestimmte Se. Majestät den König, bei den Verhandlungen in Ferrières so günstige Bedingungen für den Waffenstillstand zu stellen, daß deren Mäßigung allgemein anerkannt und durch den einige Tage darauf erfolgenden Fall von Toul und Straßburg in schlagender Weise bekundet wurde. Daß und wie sie dennoch abgelehnt wurde, ist bekannt. Ebenso bekannt ist, daß nichtsdestoweniger Se. Majestät der König bereit war, die schon von der Regierung in Paris auf den 2. Oktober ausgeschriebenen Wahlen im ganzen Bereich der von den deutschen Truppen okkupirten Landestheile in voller Freiheit zu gestatten und ihnen jede Erleichterung zu gewähren, obschon die Ausschreibung durch eine noch nicht anerkannte Regierung erfolgt war. Unsere Verhandlungen mit den französischen Lokal- und Departemental-Behörden, von welchen die mit dem Maire von Versailles geführten in öffentliche Blätter übergegangen sind, beweisen die Bereitwilligkeit der deutschen Behörden, das Zustandekommen unabhängiger Wahlen zu fördern.

Wie wenig aber das pariser Gouvernement die Absicht hatte, die Nation wirklich zur Wahl kommen zu lassen, bewies dasselbe, indem es nicht nur die ursprünglich auf den 2. d. M. angesetzt gewesenen Wahlen hinausschob, sondern auch die von der Regierung in Tours ausgegangene neue Berufung derselben auf den 16. ej. ausdrücklich annullirte. Das betreffende Dekret ist durch die Zeitungen bereits veröffentlicht; die Ausfertigung desselben mit den Originalunterschriften der Regierungsmitglieder ist in unsere Hände gefallen, zugleich mit einem Schreiben von Herrn Gambetta, von welchem ich mir nicht versagen kann, Ew. ꝛc. in der Anlage Abschrift mitzutheilen, weil es die in der pariser Regierung herrschende Stimmung kennzeichnet.

Diese Wahrnehmungen verhinderten uns nicht, an neuen Versuchen der pariser Regierung, wenn sie das französische Volk zu Wahlen, zu Meinungsäußerungen und zur Betheiligung an der Verantwortlichkeit der eigenmächtig ergriffenen Landesregierung in den Stand setzen wollte, unsere Mitwirkung zu diesem Zweck in Aussicht zu stellen.

Die freundlich dargebotene Vermittelung angesehener, einer neutralen Nation angehörender Persönlichkeiten, welche zum Behufe der Vermittelung nach Paris sich begaben, gewährte die Gelegenheit, den dortigen Machthabern noch einmal das Mittel darzubieten, durch Vornehmen der Wahlen Frankreich von der Anarchie zu befreien, welche Verhandlungen über den Frieden unmöglich macht. Wir erklärten uns bereit zu einem Waffenstillstande von der zur Vornahme von Wahlen erforderlichen Dauer, und boten zugleich an, entweder alle Deputirte der Nation nach Paris hinein, oder die pariser Deputirten, falls ein anderer Versammlungsort beliebt werden sollte, aus der Stadt ungehindert herauszulassen.

Diese Vorschläge, welche noch am 9. d. M. von neutraler Seite mit unserer Zustimmung bei den Mitgliedern der pariser Regierung befürwortet worden sind, begegneten bei letzteren einer solchen Aufnahme, daß die vermittelnden Persönlichkeiten selbst erklärten, nunmehr die Hoffnungen aufgeben zu müssen, die sie gehegt hatten. Unmittelbar nachher verließ Herr Gambetta Paris mittelst eines Luftballons, und sein erster Ruf, nachdem er den Erdboden wieder erreicht hatte, ist nach französischen Quellen ein Protest gegen die Vornahme von Volkswahlen gewesen. Die Erfahrung zeigt, daß es ihm gelungen ist, dieselben zu verhindern und die den Wahlen günstigen Bestrebungen von Crémieux wirkungslos zu machen.

Aus dieser Darlegung von Thatsachen geht hervor, daß zu dem Mittel, welches die Königlich großbritannische Regierung mit Recht als den Weg zum Frieden empfiehlt, nämlich der Vornahme freier Wahlen zu einer konstituirenden Versammlung, nicht unsere, sondern die Zustimmung der pariser Machthaber fehlt, und daß wir von Anfang an dazu bereit gewesen sind und wiederholt die Hand geboten haben, daß aber das Gouvernement der nationalen Vertheidigung diese Hand jederzeit zurückgewiesen hat.

Wir sind daher auch in unserem vollen Recht gewesen, wenn wir in der Mittheilung vom 11. d. M., auf welche der englische Herr Minister sich bezieht, jede Verantwortlichkeit für die traurigen Folgen von uns ablehnen, welche ein bis aufs Aeußerste fortgesetzter Widerstand der Festung Paris für die Bevölkerung dieser Stadt haben muß.

Es entspricht unserer Erwartung, daß diese Mittheilung ihren Eindruck auf das englische Kabinet nicht verfehlt hat. Wie sehr wir es beklagen würden, wenn die Machthaber von Paris den Widerstand bis zu dieser äußersten Katastrophe treiben sollten, haben wir eben dadurch bewiesen, daß wir die Oeffentlichkeit und namentlich die neutralen Mächte rechtzeitig darauf aufmerksam gemacht haben, indem wir hofften, daß insbesondere die Vorstellungen der letzteren auf die Machthaber, welche das Vermögen und das Leben der Bevölkerung von Paris ihrem eigenen Ehrgeize opfern, nicht ohne Eindruck bleiben würden. Wir hatten dies um so mehr gehofft, als die Regierungen von Paris und von Tours die Leitung der Geschicke Frankreichs auf eigene Verantwortung und ohne andere Legitimation in die Hand genommen haben, als die, welche eigenmächtige und gewaltthätige Besitzergreifung bei fortgesetzter Weigerung, die Stimme der Nation zu hören, zu verleihen im Stande sind.

Wenn die Königlich großbritannische Regierung den Versuch macht, dieses Gouvernement von dem gewaltthätigen und gefährlichen Wege, auf dem es sich befindet, abzuwenden und es Erwägungen zugänglich zu machen, welche Frankreich vor dem weiteren Fortschritte seiner politischen und sozialen Zerrüttung und seine glänzende Hauptstadt vor den Zerstörungen der Belagerung bewahren, so können wir das nur dankbar anerkennen.

Wir können uns freilich der Befürchtung nicht verschließen, daß bei der Verblendung, in welcher die pariser Regierung befangen zu sein scheint, die wohlwollende Intention des englischen Kabinets von derselben nur mißverstanden, und in der humanen Theilnahme, welche diese Einwirkung veranlaßt hat, die Illusion einer Unterstützung durch die neutralen Mächte und dadurch eine Ermuthigung zu weiterem Widerstande gefunden werde, welche gerade das Gegentheil von den Absichten Lord Granville's bewirken könnte.

Daß von unserer Seite nach den Erfahrungen, die wir gemacht haben, keine Initiative zu neuen Verhandlungen ergriffen werden kann, davon scheint auch Lord Granville nach dem Inhalte seiner Depesche überzeugt zu sein. Ich bitte Ew. 2c. aber, indem Sie ihm von dem ganzen Inhalt dieses Erlasses Kenntniß geben, ihm zugleich zu versichern, daß wir jeden von fran-

zöſiſcher Seite uns zugehenden, auf Anbahnung von Friedensverhandlungen gerichteten Vorſchlag, bereitwillig entgegennehmen
und mit aufrichtigem Wunſche nach Wiederherſtellung des Friedens prüfen werden.

Bismarck.

Sr. Excellenz
dem Herrn Grafen von Bernſtorff.
London.

73.

Ehrfurchtsvollſten Dank meinem verehrten Gönner, militäriſchen Leiter und kriegeriſchen Erzieher. Mein König hat
mir den höchſten Lohn zu Theil werden laſſen durch meine Ernennung zum Feldmarſchall. Ihr Küraſſier-Regiment wird
mich jetzt begleiten. Ich finde hoffentlich Gelegenheit, es ſeinen
alten Ruhm erneuern zu laſſen.

Hauptquartier Corny, den 29. Oktober 1870.

Friedrich Carl, Prinz von Preußen.

74.

Den Stadtverordneten Berlins danke Ich von ganzem
Herzen für den freundlichen Gruß und Glückwunſch, welchen
Mir dieſelben zum 18. Oktober hierher in die Ferne geſandt
haben. Die Anerkennung, welche man in der Heimath den
Siegen Meiner Armee gezollt, macht Mich wahrhaft glück-
lich. Großes haben die deutſchen Krieger aller Stämme unter
der Führung unſeres Königs vollbracht, das Vaterland wird
dies — des bin Ich gewiß — im dankbaren Gedächtniß bewahren. Unſere Heere aber ſind von dem ſtolzen Bewußtſein
erfüllt, für eine heilige und gerechte Sache zu kämpfen und
heute wie je bereit, mit ihrem Blute Deutſchlands Wohlfahrt
und dauernde Einheit zu begründen. Ein ehrenvoller Friede
wird, ſo Gott will! bald die ſchmerzlichen Opfer lohnen, welche
unſer ganzes Volk in unvergleichlicher Hingebung gern und
freudig gebracht hat.

Haupt-Quartier Verſailles, den 31. Oktober.

Friedrich Wilhelm.

An die Stadtverordneten zu Berlin.

75.

Kapitulation von Dijon.

1) Die Stadt Dijon stellt 500,000 Francs als Kaution, welche bei friedlichem Verhalten zurückgegeben werden.

2) Auslieferung sämmtlicher gestern etwa gemachten Gefangenen.

3) Prompte Ausführung der in anliegenden Proklamationen enthaltenen Bedingungen.

4) Beseitigung aller vorhandenen Barrikaden.

Die Requisitionen erstrecken sich auf Unterbringung und Ernährung der Truppen in der Stärke von 20,000 Mann und Lieferung von sonstigen Armeebedürfnissen.

Dagegen übernimmt der kommandirende General die Verpflichtung, daß sämmtliche Requisitionen nur durch die Militärbeamten bei der Munizipalität stattfinden.

5) Vollständige Indemnität für die regulären und irregulären Kriegführenden, für die Vergangenheit.

Bei irgend welchen Feindseligkeiten dagegen von Seiten der Stadt wird das Bombardement wieder aufgenommen und alsdann der Stadt eine empfindliche Kontribution auferlegt werden.

Mit den weiteren Verhandlungen beauftrage ich Se. Großherzogliche Hoheit den General-Lieutenant Prinz Wilhelm von Baden, unter Zuziehung des Hauptmanns Freiherrn v. Röder vom Generalstab; die Verhandlungen finden heute früh 9 Uhr in St. Apolinaire statt.

Sollten dieselben bis 10 Uhr zu einem Ziel nicht geführt haben, so werde ich die Feindseligkeiten wieder beginnen; dasselbe findet statt, sobald Zuzug von französischen Truppen bemerkt wird.

Varois, den 31. Oktober 1870.

von Beyer,
General-Lieutenant.

Von Seiten der deutschen Armee anerkannt und bestätigt.

Wilhelm, Prinz von Baden,
General-Lieutenant.

Freiherr von Röder,
Hauptmann im Generalstab.

Von Seiten der Munizipalität anerkannt und bestätigt.

H. A. Dubois. Löfel. Brullé.

76.

Hauptquartier Versailles, 2. November.

Der durch den Obersten Lloyd Lindsay von dem unter seiner Leitung stehenden englischen Verein überbrachte noble Beitrag für die Kranken und Verwundeten verdient etwas mehr als eine einfache Empfangsbestätigung. In diesem, wie in anderen Fällen der Noth hat England seine Spenden mit freigebiger und unparteiischer Hand ausgetheilt. Die Gaben, welche in wahrhaft christlichem Geiste geboten wurden, haben bei denjenigen, in deren Namen ich spreche, ein Gefühl vom Herzen kommender Dankbarkeit erregt. Indem ich in ihrem Namen spreche, wiederhole ich das Gefühl meiner sämmtlichen Landsleute, welche diesmal von denjenigen repräsentirt werden, für die diese Gaben bestimmt sind.

Friedrich Wilhelm, Kronprinz.

77.

Allerhöchste Verordnung. Ich sehe Mich veranlaßt, die Verwaltungsbezirke des Generalgouvernements von Lothringen und zu Rheims anderweitig abzugrenzen, und zwar wie folgt: 1) Zu dem Gouvernement Lothringen gehören die Departements Meuse, Vosges, Haute-Saone, Haute-Marne, Meurthe und Moselle, letztere beide, soweit sie nicht durch Meine Ordre vom 21. August c. dem Bezirke des Generalgouvernements im Elsaß zugewiesen sind; 2) Das Generalgouvernement in Rheims besteht aus den Departements Aisne, Ardennes, Marne, Seine et Marne, Aube und Seine et Oise. Sie haben hiernach die betreffenden Generalgouvernements mit Mittheilung zu versehen.

Haupt-Quartier Versailles, 4. Nov. 1870.

Wilhelm.
v. Roon.   Graf v. Bismarck.

An den Kanzler des Norddeutschen Bundes und den Kriegs-Minister.

<hr>

Berlin, gedruckt in der Königlichen Geheimen Ober-Hofbuchdruckerei.
(R. v. Decker.)